तिल का ताड़

शेक्सपियर

अनुवाद : डॉ. रांगेय राघव

राजपाल

अनुवाद
रांगेय राघव

ISBN : 978-93-5064-216-0

संस्करण : 2014 © राजपाल एण्ड सन्ज़
TIL KA TAD (Play) (Hindi edition of
Much Ado about Nothing by Shakespeare)

राजपाल एण्ड सन्ज़

1590, मदरसा रोड, कश्मीरी गेट-दिल्ली-110006
फोन: 011-23869812, 23865483, फैक्स : 011-23867791
website : www.rajpalpublishing.com
e-mail : sales@rajpalpublishing.com

शेक्सपियर : संक्षिप्त परिचय

विश्व-साहित्य के गौरव, अंग्रेजी भाषा के अद्वितीय नाटककार शेक्सपियर का जन्म 26 अप्रैल, 1564 ई. में स्ट्रैटफोर्ट-ऑन-एवोन नामक स्थान में हुआ। उसकी बाल्यावस्था के विषय में बहुत कम ज्ञात है। उसका पिता एक किसान का पुत्र था, जिसने अपने पुत्र की शिक्षा का अच्छा प्रबन्ध भी नहीं किया। 1582 ई. में शेक्सपियर का विवाह अपने से आठ वर्ष बड़ी ऐन हैथवे से हुआ और सम्भवतः उसका पारिवारिक जीवन सन्तोषजनक नहीं था। महारानी एलिज़ाबेथ के शासनकाल में 1587 ई. में शेक्सपियर लन्दन जाकर नाटक कम्पनियों में काम करने लगा। हमारे जायसी, सूर और तुलसी का प्रायः समकालीन यह कवि यहीं आकर यशस्वी हुआ और उसने अनेक नाटक लिखे, जिनसे उसने धन और यश दोनों कमाए। 1612 ई. में उसने लिखना छोड़ दिया और अपने जन्म-स्थान को लौट गया और शेष जीवन उसने समृद्धि तथा सम्मान से बिताया। 1616 ई. में उसका स्वर्गवास हुआ।

इस महान नाटककार ने जीवन के इतने पहलुओं को इतनी गहराई से चित्रित किया है कि वह विश्व-साहित्य में अपना सानी सहज ही नहीं पाता। मारलो तथा बेन जानसन जैसे उसके समकालीन कवि उसका उपहास करते रहे, किन्तु वे तो लुप्तप्राय हो गए; और यह कविकुल दिवाकर आज भी देदीप्यमान है।

शेक्सपियर ने लगभग छत्तीस नाटक लिखे हैं, कविताएँ अलग। उसके कुछ प्रसिद्ध नाटक हैं—जूलियस सीज़र, ऑथेलो, मैकबेथ, हैमलेट, सम्राट लियर, रोमियो जूलियट (दुःखान्त), वेनिस का सौदागर, बारहवीं रात, तिल का ताड़ (मच एडू अबाउट नथिंग), तूफान (सुखान्त)। इनके अतिरिक्त ऐतिहासिक नाटक तथा प्रहसन भी हैं। प्रायः उसके सभी नाटक प्रसिद्ध हैं।

शेक्सपियर ने मानव-जीवन की शाश्वत भावनाओं को बड़े ही कुशल कलाकार की भाँति चित्रित किया है। उसके पात्र आज भी जीवित दिखाई देते हैं। जिस भाषा में शेक्सपियर के नाटक का अनुवाद नहीं है वह उन्नत भाषाओं में कभी नहीं गिनी जा सकती।

भूमिका

इंगलैंड में न तिल होता है, न ताड़। परन्तु हमने शेक्सपियर के नाटक Much Ado About Nothing का तिल का ताड़ ही अनुवाद किया है, क्योंकि तिल का ताड़ मुहावरा इसके विषय को बिलकुल प्रस्तुत कर देता है। आज से लगभग सत्तर वर्ष पूर्व हिन्दी में 'चार्ल्स लैम्ब कृत टेल्स फ्रॉम शेक्सपियर' का अनुवाद किया गया था। उसमें Much Ado About Nothing का अनुवाद किया गया मिलता है—व्यर्थ हौरा मचाना। मैं समझता हूँ तुलनात्मक दृष्टि से यह नया नाम अधिक उपयुक्त है।

शेक्सपियर ने इसे सन् 1597-1600 ई. के बीच लिखा जब 'ऐज़ यू लाइक इट' तथा 'ट्वैल्फ्थ नाइट', और 'मेरी वाइव्ज़ ऑफ विंडज़र' आदि प्रसिद्ध सुखान्त नाटक लिखे गए थे। यह शेक्सपियर के नाट्य रचना-काल में द्वितीय युग था। इस युग के बाद ही कवि में दुःख ने अपना प्रभाव अधिक बढ़ाया और उसके नाटकों में गद्य भी अधिक मिलता है।

स्वयं Much Ado About Nothing इस नाटक का नाम क्यों है, यह भी आलोचकों का सिर-दर्द रहा है और अभी भी वे इस पर एकमत नहीं हो सके हैं। मनुष्य जीवन में पड़ने वाले आन्तरिक विरोधों ने इसमें अभिव्यक्ति पाई है, यही इस शीर्षक को आगे लाने वाला आधार है।

इस कथानक में तीन कथाएँ आपस में गुंथ गई हैं—डॉग-बैरी और वर्गीज़; बैनेडिक और बिएट्रिस; हेरो तथा क्लॉडिओ और डॉन जौन ये तीन कथाएँ हैं। इनके लिए कहा जाता है शेक्सपियर विभिन्न स्रोतों का ऋणी है, जिनमें बैण्डेलो और एरिओस्टो प्रमुख माने जाते हैं।

हेरो और बिएट्रिस दो युवतियाँ हैं जो मैसिना में एक महल में रहती हैं। इन्हीं के प्रेम की इस नाटक में कथा है। विद्वानों का मत है कि इस नाटक में जो मूलकथा का अवसाद है, वह इसके सुखान्त तत्त्व पर आघात-सा करता हुआ लगता है। बैनेडिक-बिएट्रिस की अन्तर्कथा का मूल कथा से अन्तर्गठन परिपक्व नहीं हो पाया है, यद्यपि इस कथा में आनन्द अधिक है। उनका कथोपकथन भी उच्चकोटि का

नहीं है और बिएट्रिस जैसी कुलीन स्त्री के मुख से वैसे शब्द अच्छे भी नहीं लगते।

शेक्सपियर का महत्त्व समझने के लिए आवश्यक है कि हम उसको उसके पात्रों के माध्यम से समझें। वह अपने पात्रों को स्वतन्त्रता देता है और जीवन के विभिन्न रूपों को अभिव्यक्ति देता है। वह यह नहीं मानता कि जीवन का दर्शन किसी विशेष पात्र के मुख से पूर्णतया कहलाया जा सकता है। पात्र जीवन की विभिन्न परिस्थितियों में विभिन्न चेष्टाएँ करते हैं। शेक्सपियर ने मनुष्य के रूपों को उनकी विविधता में देखा है। इस दृष्टिकोण से न हमें बिएट्रिस का पात्र खटकता है, न अन्तर्कथा का महत्त्व ही। उसके सम्राटों से लेकर उसके विदूषक तक जीवन-दर्शन व विभिन्न पहलुओं को प्रकट करते हैं। प्रत्येक जीवन को अपने दृष्टिकोण से देखता है। शेक्सपियर की कला आत्मपरक अभिव्यक्ति में नहीं है, उसकी आत्मा जाकर युग-सत्य से तादात्म्य करके ही अपने को प्रगट करती है। इस दृष्टि से उसके मानव-जीवन के गम्भीर अध्ययन का पता **तिल का ताड़** पढ़कर भी मिलता है।

अपने अन्य नाटकों की भाँति इस सुखान्त नाटक में भी शेक्सपियर अन्तर्कथाओं को संग गूँथे बिना नहीं चलता। यूरोपीय साहित्य पर इतालवी साहित्य का प्रभाव जो महत्त्व धारण कर गया था, उसका प्रभाव हमें यहाँ स्पष्ट दिखाई देता है। विशेषकर उस युग के नाटकों में कवि ने इतालवी स्रोतों को लिया भी अधिक है। किन्तु शेक्सपियर ने प्रत्येक में ही प्रायः 16वीं सदी के इंगलैंड के रीति-रिवाजों को ही रखा है। पात्र नाममात्र को इतालवी-से लगते हैं। वर्गीज़ डॉगबैरी आदि तो नाम से भी इतालवी नहीं है। उनकी स्थिति यहाँ वही है, जो 'एक सपना' नामक सुखान्त नाटक की प्राचीन ग्रीक और परियों की कथा के बीच बौटम इत्यादि का है। कथा का विषादमय भाग मूल स्रोत से आया है, आनन्द और उल्लास का भाग शेक्सपियर ने प्रदान किया है। शेक्सपियर का दृष्टिकोण रचना की ऐतिहासिक-सापेक्षता पर नहीं रहता था, वह भावप्रधान था तथा मानवीय जीवन के मूल तत्त्वों को ही अपनी रचना में प्रतिष्ठापित करता था, और यही उसकी कला की सिद्धि थी, क्योंकि इसमें मानव का सांगोपांग रूप देखता था, जिसमें मनुष्य की सामाजिक परिस्थिति उसकी दृष्टि से अलग नहीं रह जाती थी। वह कला के सत्य को अपने विचार-सत्य से दबाता नहीं था।

अन्त में मैं यही कहूँगा कि मानव-जीवन का इतना सफल चित्रण करने वाला शेक्सपियर, मानव-चित्रण के अभावों का बड़ा ही पारदर्शक पारखी था, जो **तिल का ताड़** से भी मुखर होता है।

—रांगेय राघव

पात्र-परिचय

डॉन पैड्रो : ऐरेगौन का राजकुमार
डॉन जौन : उसके पिता की रखैल का बेटा—भाई
क्लॉडिओ : फ्लॉरेन्स का एक युवक सरदार
बैनेडिक : पैंडुआ का एक युवक सरदार
लिओनेटो : मैसिना का शासक (गवर्नर)
एन्टोनिओ : उसका भाई
बाल्थैसर : डॉन पैड्रो का सेवक
कॉनरेड
बोरेकिओ : डॉन जौन के अनुचर
फ्रायर फ्रैन्सिस
डॉग बैरी : एक सिपाही
वर्गीज़ : नगरपालिका का प्रधान
एक 'सैक्स्टन' : गिरजे की सम्पत्ति का संरक्षक
एक लड़का
हेरो : लिओनेटो की पुत्री
बिएट्रिस : लिओनेटो की भतीजी
मार्गरेट
उसुला : हेरो की दो परिचारिकाएँ

(दूत, पहरेदार तथा सेवक आदि)

तिल का ताड़

पहला अंक

दृश्य 1

(लिओनेटो के घर के सामने)
(लिओनेटो, हेरो और बिएट्रिस का एक दूत के साथ प्रवेश)

लिओनेटो : जो पत्र लाकर तुमने मुझे दिया है, उससे तो यही मालूम होता है कि ऐरेगौन के डॉन पैड्रो आज रात को मैसिना आएँगे।

दूत : अब तक तो वह मैसिना के नज़दीक आ पहुँचे होंगे। जब मैं उनसे जुदा हुआ था, उस समय ही वे यहाँ से मुश्किल से नौ मील की दूरी पर रहे होंगे।

लिओनेटो : तुम्हारी तरफ के कितने लोग इस लड़ाई में मारे गए?

दूत : बहुत थोड़े ही, पर हाँ, कोई एक भी प्रधान व्यक्ति नहीं मरा।

लिओनेटो : जब विजेता रणभूमि से अपनी पूरी सेना को जीवित ही लेकर वापस आता है तो वह जीत दूनी होती है। पर हाँ, यह तो बताओ, इस पत्र से यह मालूम होता है कि फ्लौरेन्स का रहनेवाला कोई क्लॉडिओ नाम का एक युवक, डॉन पैड्रो का प्रधान कृपा पात्र बना हुआ है। उसे डॉन पैड्रो ने सम्मानित किया है।

दूत : वह इसके योग्य भी है। जो भी सम्मान डॉन पैड्रो ने उसे दिए हैं, वह उसके गुणों के उपयुक्त ही हैं। जितनी कि उस जैसे नवयुवक से आशा नहीं की जा सकती, उससे कहीं अधिक बहादुरी और योग्यता उसने दिखलाई है। यद्यपि वह एक मैमने की तरह सीधा दीखता है, पर उसने एक शेर की तरह इस भयानक युद्ध में उस साहस और बहादुरी से सामना किया है, कि इस तरह की बहादुरी की कल्पना तो केवल पुराने शूरवीरों के साथ ही की जा सकती है। निस्सन्देह

उसकी-सी आयु वाले एक युवक के लिए यह कार्य बहुत बड़ा है।

लिओनेटो : यहाँ मैसिना में उसका एक चाचा रहता है। वह इस खबर को सुनकर बहुत खुश होगा।

दूत : उनके नाम का पत्र मैं पहले ही उनको दे आया हूँ और उससे उनका चेहरा एक साथ खिल उठा। सच, उनको इतनी अधिक खुशी हो रही थी कि उसके भार से उनकी आँखों से आँसू बहने लगे जो कि किसी दुखद अवसर पर ही बहते हैं।

लिओनेटो : क्या सच वह इस तरह रोने लग गया था?

दूत : हाँ, उनकी आँखों से लगातार आँसू बहते ही जाते थे।

लिओनेटो : प्रेम का यह स्वाभाविक उद्गार है। सच पूछो तो ऐसे व्यक्तियों से सच्चा व्यक्ति इस संसार में और कोई नहीं हो सकता। किसी दुखी रोते हुए प्राणी को देखकर प्रसन्न होने से, इस तरह खुशी के आँसू बहाना, कहीं अधिक अच्छा है।

बिएट्रिस : कृपया मुझे यह बताइए कि क्या श्रीमान् माउन्टेन्टो युद्ध से वापस लौट आए हैं?

दूत : देवी! इस तरह के किसी व्यक्ति का नाम तो मैंने नहीं सुना। इस नाम का कोई व्यक्ति सेना में नहीं था।

लिओनेटो : कौन है बेटी! जिसके बारे में तुम दूत से पूछ रही हो?

हेरो : बहिन बिएट्रिस का मतलब पैंडुआ के श्रीमान् बैनेडिक से है।

दूत : ओ, वे तो वापस आ गए और सदा की तरह, वे उतने ही खुश हैं।

बिएट्रिस : उसने इनामी पहलवानों, खिलाड़ियों और ढोंगी हकीमों की तरह मैसिना में एक आम घोषणा करवाई है कि वह रूप के देवता कामदेव से मुकाबला करेगा। अपने रूप के बारे में उसे इतना गर्व है कि समझता है कि कामदेव से भी अधिक स्त्रियों के हृदय पर उसका प्रभुत्व है, तभी तो वह हल्के पर वाले तीरों से उनके हृदय को बेधने के लिए कामदेव को चुनौती दे रहा है। उसके इस गर्व का मज़ाक बनाने के लिए मेरे चाचा के विदूषक ने कामदेव की तरफ से, उसे कौओं की तरफ तीर चलाने की चुनौती दे दी। यह तो बताओ, इस युद्ध में कितने लोगों को उसने मारा है और कितनों को खाया है? पहले तो यही बताओ कि कितनों को उसने मारा है क्योंकि मैंने भी यह प्रतिज्ञा की थी कि जितनों को भी वह मारेगा, उनमें से प्रत्येक को मैं खा जाऊँगी।

लिओनेटो : सच बेटी! तुम तो बैनेडिक को बहुत अधिक बदनाम करती हो, लेकिन मुझे शक नहीं कि वह तुम्हारे साथ ठीक हो जाएगा।

दूत : देवी! उन्होंने युद्ध में बहुत कीमती काम किया है।

बिएट्रिस : हाँ ठीक ही है। तुम्हारे पास सड़े-गले अण्डे और कुछ खराब खाना रहा होगा, उस सबको वह हज़म कर गया होगा। बड़ा बहादुर खाऊ है वह और पेट

भी तो उसका बहुत अच्छा है।

दूत : देवी! वे एक बहादुर सिपाही भी हैं।

बिएट्रिस : हाँ, सच है। एक स्त्री के लिए तो वह बहुत बहादुर सिपाही है। पर किसी सरदार के सामने क्या है?

दूत : सरदार के सामने वे सरदार हैं, आदमी के सामने आदमी और ख़ैर, छोड़ो, वे सरदार हैं या नहीं हैं, पर किसी भी आदमी के-से अच्छे गुण, उनमें पूरी तरह हैं।

बिएट्रिस : वह तो ठीक है। वह तिनके के सहारे चलने वाली गुड़िया से किसी गुण में कम नहीं हैं। जो-जो भी गुण उसमें हैं...पर ख़ैर छोड़ो, हम सभी साधारण प्राणी हैं।

दूत : मेरी बेटी की बात को गलत मत समझिए श्रीमान्! इसमें और श्रीमान् बैनेडिक के बीच तो हमेशा बातों का झगड़ा चलता रहता है। जब कभी भी वे मिलते हैं, तो वहीं वाक्पटुता की एक प्रतियोगिता-सी शुरू हो जाती है।

बिएट्रिस : और दुर्भाग्य की बात यह है कि वह कभी भी इस प्रतियोगिता में नहीं जीतता। हमारे पिछले संघर्ष में उसकी पाँच गुणों से भरी हुई पाँच बातों में, चार तो घायल होकर लंगड़ाती हुई रणक्षेत्र से भाग गईं, अब एक ही गुण उसके पास बाकी बचा है, वह है उसकी साधारण बुद्धि, जो कि उसको मार्ग बता सकती है। ख़ैर, यदि वह भी उसके पास पर्याप्त मात्रा में रहे और उसे ठण्ड और गर्मी से बचाती रहे, तो उसे उसको बड़ी सावधानी से रखना चाहिए, क्योंकि उसी के कारण तो उसके घोड़े में और उसमें कुछ फर्क मालूम होता है। जो कुछ भी सम्पत्ति, जिसके बल पर वह यह कह सकता है कि वह एक पशु न होकर एक योग्य व्यक्ति है, यह साधारण बुद्धि ही उसके पास है। पर हाँ, अब उसका प्रिय मित्र कौन है? वह तो हर महीने एक अभिन्न मित्र बनाता है, जिससे वह भाईपने की सौगन्ध खाया करता है।

दूत : क्या ऐसा हो सकता है?

बिएट्रिस : हाँ, हाँ, बिलकुल हो सकता है। फिर वह अपनी सौगन्धों को प्रायः ऐसे बदल जाता है, जैसे अपने सिर की टोपी को। जब कोई नया फैशन आ जाता है, तो पुराने को वह फौरन छोड़ देता है।

दूत : मुझे ऐसा मालूम होता है कि श्रीमान् बैनेडिक आपकी अच्छी डायरी में नहीं है।

बिएट्रिस : नहीं है, और अगर होता तो मैं अपनी सारी डायरियों को जला देती। लेकिन कृपया मुझे यह बताइए कि आजकल कौन उसका प्यारा दोस्त बना हुआ है? क्या कोई झगड़ालू नवयुवक उसका दोस्त नहीं बना हुआ है जो उसी के साथ गड्ढे में जाए?

दूत : युवक क्लॉडिओ उनके साथ प्रायः देखे जाते हैं। उन्हीं के साथ वह अधिकतर रहते हैं।

बिएट्रिस : हे ईश्वर! बचाना, बैनेडिक एक बीमारी की तरह उससे चिपक जाएगा। वह प्लेग से भी कहीं अधिक खतरनाक है और जिस किसी के एक बार वह लग जाता है, वह पागल ही हो जाता है। ईश्वर बेचारे क्लॉडिओ को बचाए; अगर इस बैनेडिक बीमारी ने उसे पकड़ लिया होगा, तो हज़ारों रुपयों को उसके इलाज में बहाना होगा।

दूत : देवी! मैं तो आपका मित्र ही नहीं रहना चाहता हूँ इसलिए ज़्यादा कुछ आपसे बहस नहीं करूँगा।

बिएट्रिस : हाँ, हाँ, अवश्य रहो।

लिओनेटो : लेकिन इतना मैं निश्चयपूर्वक कहता हूँ कि मेरी बेटी तुम कभी पागल नहीं होगी क्योंकि यह बैनेडिक बीमारी तुमसे दूर ही रहेगी।

बिएट्रिस : न, कभी नहीं, जब तक गर्म जाड़े की ऋतु न आए तब तक तो नहीं।

दूत : डॉन पैड्रो आ पहुँचे हैं।

(डॉन पैड्रो, क्लॉडिओ, बैनेडिक, बाल्थैसर और जौन का प्रवेश)

डॉन पैड्रो : श्रीमान् लिओनेटो! मेरा स्वागत करके तुम अपने ऊपर एक मुसीबत बुला रहे हो। लोगों का आम रिवाज़ तो उस चीज़ को टालने का है जिसमें कुछ खर्च हो, लेकिन तुम तो अपनी इच्छा से ही मेरी अगवानी के लिए आगे बढ़ रहे हो।

लिओनेटो : मेरे स्वामी! आप तो इस घर में कभी भी किसी आपत्ति के कारण नहीं बने। जब मुसीबत खत्म होती है, तो कहते हैं सुख और चैन आता है; परन्तु जब आप हमारे बीच से चले जाते हैं तो हमारी सारी खुशी आप ही के साथ चली जाती है और उसके स्थान पर दुःख और चिन्ता आप हमारे लिए छोड़ जाते हैं।

डॉन पैड्रो : तुम इतने बड़े खर्चे को खुशी से उठाने के लिए तैयार हो न? मेरा विश्वास है, यह तुम्हारी ही पुत्री है?

लिओनेटो : यही इसकी माँ ने बार-बार मुझसे कहा है।

बैनेडिक : श्रीमान्! क्या आपको इस बारे में कुछ सन्देह था जो आपने उनसे इसके बारे में पूछा?

लिओनेटो : नहीं, श्रीमान् बैनेडिक! तुम तो उस समय बच्चे थे।

डॉन पैड्रो : यह तो सीधा तुम्हारे मुँह पर चपत लग गया बैनेडिक! अब तो तुम एक भरे-पूरे नवयुवक हो, पर लिओनेटो की बात से हम तुम्हारे चरित्र के बारे में पूरा अन्दाज़ लगा सकते हैं। लड़की की शक्ल-सूरत से यह अच्छी तरह पता चल जाता है कि उसका पिता कौन है। बेटी! अपने पिता से मिलती-जुलती सूरत पाने के लिए तुम अपने आपको धन्य समझो।

बैनेडिक : अगर श्रीमान् लिओनेटो उसके पिता हैं, तो चाहे उनकी सूरतें कितनी भी एक दूसरे से मिलती हैं, पर वह अपने उभरे हुए युवक चेहरे को, मैसिना को पूरी दौलत लेकर भी, अपने पिता के दाढ़ी वाले चेहरे से नहीं बदलेगी।

बिएट्रिस : मुझे बड़ा आश्चर्य है कि जब तुम्हारी बात कोई सुनता तक नहीं, तब भी तुम बड़बड़ करते ही जाते हो।

बैनेडिक : क्या! तुम अभी तक इस पृथ्वी पर बनी हुई हो! ओ घृणारूप स्त्री?

बिएट्रिस : जब श्रीमान् बैनेडिक जैसा भोजन उसको मिलता है, तो वह घृणारूप स्त्री क्योंकर पृथ्वी से उठ जाए? यहाँ तक कि साक्षात् नम्रता भी तुम्हारे सामने आए तो घृणा के रूप में बदल जाएगी।

बैनेडिक : तब तो वह नम्रता कोई बहुत चंचल स्वभाव की इधर से उधर पल-पल में लुढ़कने वाली होगी। लेकिन मैं तो यह जानता हूँ कि तुम्हारे सिवाय, सभी स्त्रियाँ मुझसे प्यार करती हैं, और मेरी तो सदा यही इच्छा रहती है कि मेरा हृदय कभी इतना सख्त न हो! लेकिन मुझसे सच पूछो तो मुझे उनमें से किसी एक से भी प्यार नहीं है।

बिएट्रिस : यह तो बेचारी उन स्त्रियों के लिए सौभाग्य की ही बात है, नहीं तो प्रेमी के रूप में एक आफत उनके पीछे लग जाती, जिससे उनकी तबियत पूरी तरह ऊब जाती। भगवान् को, और इस अपनी बेरुखाई को, मैं तो धन्यवाद देती हूँ; क्योंकि इस दिशा में तो हम दोनों के विचार एक जैसे ही हैं। कोई आदमी आकर यह मुझसे कहे कि वह प्यार करता है, उससे तो मैं अपने कुत्ते को भौंकता हुआ, ज़्यादा खुशी से सुन सकती हूँ।

बैनेडिक : ईश्वर करे तुम्हारा इसी तरह का दिमाग रहे, जिससे बेचारा कोई भी व्यक्ति तुम्हारा प्रेमी या पति बनकर, अपनी मुँह की खाकर दुर्भाग्य का शिकार न बने।

बिएट्रिस : अगर उसका चेहरा तुम्हारे जैसा हो, तो चाहे कितनी भी वह मुँह की खाए, और कितना भी उसका मुँह नोचा जाए तो भी वह अपनी वर्तमान स्थिति से तो और भद्दा क्या होगा!

बैनेडिक : मैं विश्वासपूर्वक कहता हूँ कि तुम तो तोतों को पढ़ाने के लिए अधिक योग्य हो।

बिएट्रिस : पर मेरी तरह बोलने वाली चिड़िया, तुम्हारी तरह बोलने वाले जंगली जानवर से कहीं अच्छी होगी!

बैनेडिक : तुम्हारी बातें सुनकर तो मेरी इच्छा होती है कि मेरा घोड़ा भी तुम्हारी जीभ की तरह तेज़ी से भाग सकता। और इसकी तरह बहुत देर तक भागता ही रहता, और तब तक नहीं थकता जब तक तुम्हारी जीभ न थक जाती। भगवान् के लिए, जैसी तुम हो, वैसी ही बनी रहो। मुझे तुमसे कुछ और नहीं कहना है।

बिएट्रिस : यह तो आपके सर्वथा योग्य है। मैं तो आपको बहुत पहले से जानती

हूँ। जब आपको एक कोने में धकेल दिया जाता है, तो फिर आप एक गुस्ताख़ घोड़े की तरह चाल चलने लगते हैं।

डॉन पैड्रो : इस तरह के शोरगुल का साधारणतया यही परिणाम होता है लिओनेटो! क्लॉडिओ और श्रीमान् बैनेडिक! मेरे प्रिय मित्र लिओनेटो ने आप सभी को निमन्त्रित किया है। मैं अपने मित्र से यह कह रहा हूँ कि हम लोग उनके यहाँ करीब एक महीने तक ठहरेंगे। वैसे देखा जाए तो वे अपने हृदय से यही कामना करते हैं कि इसके बाद भी कोई ऐसी घटना हो जाए जिससे हम एक महीने से भी अधिक रुक जाएँ। मैं सौगन्ध खाकर कहता हूँ, उनका हृदय इतना ही सच्चा है और मुझे पूरा विश्वास है कि इस तरह की प्रार्थना उनके सच्चे हृदय से निकल रही है।

लिओनेटो : मेरे स्वामी! आपकी बात अटल रहेगी।

(डॉन जौन से) श्रीमान्! मैं आपका भी स्वागत करता हूँ। अब तो आप अपने भाई राजकुमार से मिल गए हैं। मेरा यह पूरा कर्तव्य है कि मैं आपकी सेवा और सत्कार दिल खोलकर करूँ।

डॉन जौन : मैं आपको इसके लिए धन्यवाद देता हूँ। मैं अधिक बोलना नहीं जानता, पर मैं हृदय से आपको धन्यवाद देता हूँ।

लिओनेटो : (पैड्रो से) क्या श्रीमान्! चलने का कष्ट करेंगे?

डॉन पैड्रो : मुझे अपना हाथ पकड़ाओ लिओनेटो! चलो हम साथ-साथ चलेंगे।

(बैनेडिक तथा क्लॉडिओ के सिवाय सभी चले जाते हैं।)

क्लॉडिओ : बैनेडिक! क्या तुमने लिओनेटो की पुत्री को अच्छी तरह देखा था?

बैनेडिक : हाँ, हाँ देखा तो था, लेकिन मैंने कोई खास ध्यान उसके ऊपर नहीं दिया था।

क्लॉडिओ : क्या सचमुच वह एक अत्यन्त सुन्दर और लजीली नवयुवती नहीं दीखती है?

बैनेडिक : मुझे यह बताओ कि जैसे ईमानदार आदमी चाहते हैं, वैसे क्या तुम मेरी सच्ची और निष्कपट राय जानना चाहते हो? या तुम्हारी इच्छा है कि मैं एक ऐसे आदमी की तरह, जो स्त्री-जाति के प्रति कठोर विचार रखने का बहाना करता है, अपने आदतन तरीके से कुछ बोलूँ?

क्लॉडिओ : नहीं, मुझे तो तुम्हारी गम्भीर, और काफी सोच-विचार के पश्चात् निकली हुई राय की आवश्यकता है।

बैनेडिक : तो सुनो, मुझे लगता है कि वह हर दृष्टि से इतनी छोटी है कि उसकी ऊँची प्रशंसा नहीं की जा सकती। उसका रंग इतना काला है कि उसे किसी भी तरह सुन्दर नहीं कहा जा सकता और क़द में भी वह इतनी छोटी है कि लम्बे बदन के लिए उसकी प्रशंसा नहीं की जा सकती। मैं तो सिर्फ उसकी यही प्रशंसा

कर सकता हूँ कि यदि उसकी शक्ल-सूरत जो कुछ है उससे कुछ अलग होती तो भद्दी होती। लेकिन जैसी भी वह है, हृदय पर उसके रूप का कोई असर नहीं होता है।

क्लॉडिओ : शायद तुम अभी तक यही सोच रहे हो कि मैं केवल मज़ाक कर रहा हूँ। मेरी तुमसे प्रार्थना है कि सच-सच बताओ कि तुम उसके बारे में क्या सोचते हो?

बैनेडिक : तुम क्या उसको खरीदना चाहते हो, जो यह सब जाँच-पड़ताल लगा रहे हो?

क्लॉडिओ : क्या दुनिया की सारी दौलत लगाकर भी ऐसा बेशकीमती हीरा मिल सकता है?

बैनेडिक : हाँ, हाँ, हीरा ही नहीं, बल्कि उसको रखने की डिबिया भी। लेकिन क्या तुम गम्भीर होकर यह सब बातें कह रहे हो? या यों ही मज़ाक में यह कहना चाहते हो कि अन्धा लड़का कामदेव खरगोश का पीछा करने के लिए एक भूरे शिकारी कुत्ते की-सी आँखें रखता है! या लुहारों का देवता 'वल्कन' एक असाधारण बढ़ई है! इन सब मज़ाक की बातों को छोड़ो और मुझे साफ-साफ बताओ कि मैं क्या कहूँ जिससे हम और तुम एक स्वर में बोलें?

क्लॉडिओ : मेरे विचार में तो जितनी स्त्रियाँ मैंने इस संसार में देखी हैं, उन सबसे अधिक सुन्दर यही है।

बैनेडिक : ठीक, मेरे भी तो अच्छी-खासी आँखें हैं। अभी तक इन्हें चश्मे की भी ज़रूरत नहीं है, लेकिन मैं तो उसमें कोई ऐसा असाधारण सौन्दर्य नहीं देख पाया हूँ। सच तो यह है कि उसके तेज़ स्वभाव को छोड़कर, बाकी सौन्दर्य में तो उसकी चचेरी बहिन बिएट्रिस कहीं उससे आगे है। उनमें इतना ही अन्तर है, जैसे मानो वह तो शीत मास का अन्तिम दिन हो और बिएट्रिस बसन्त का दिन हो। मैं आशा करता हूँ कि तुम्हारा उससे विवाह करने का तो विचार नहीं है न?

क्लॉडिओ : मैं निश्चयपूर्वक कुछ कह नहीं सकता। हो सकता है, अगर हेरो मेरे साथ विवाह के लिए राज़ी हो जाए, तो मैं अपनी शपथ तोड़ दूँ। कुछ भी निश्चित नहीं है।

बैनेडिक : क्या वहाँ तक भी तुमने सोच लिया है? ओह! मैं यही सोचता हूँ कि क्या इस संसार में ऐसा कोई भी व्यक्ति नहीं है, जो कि इस विवाह के जाल से अलग रहे और उस व्यभिचार से बचे जिसमें उसे स्त्री फँसा लेती है? क्या कोई एक भी साठ साला कुँवारा व्यक्ति कहीं नहीं है? अच्छा ठीक है! अगर विवाह के इस जुए के नीचे तुमने अपनी गरदन झुकाने की बात सोच ली है, तो तुम्हारा स्वागत है। आओ, विवाह का फन्दा अपने गले में डाल लो, तब फिर कैदी की तरह हर इतवार को बैठकर अपनी हालत पर सोचा करना। काफी फुरसत

रहेगी। लो देखो डॉन पैड्रो तुम्हारे लिए वापस आ रहे हैं।

(डॉन पैड्रो का पुनः प्रवेश)

डॉन पैड्रो : ऐसा क्या रहस्य है जिसके कारण तुम लोग यहीं रुके रहे, और मेरे साथ लिओनेटो के घर नहीं चले?

बैनेडिक : मैं चाहता हूँ कि श्रीमान् उसे कहने के लिए मुझे बाध्य करें।

डॉन पैड्रो : मैं तुम्हें आज्ञा देता हूँ कि जो कुछ भी बात हो, वह मुझसे कहो।

बैनेडिक : कुछ सुना क्लॉडिओ क्या कह रहे हैं? अब चुप रहना ही मेरा बोलना है। मैं किसी भी भेद को ठीक एक गूँगे व्यक्ति की तरह पेट में ही रख सकता हूँ और मैं चाहता हूँ कि तुम भी मेरी तरह ही करो। लेकिन जब राजकुमार ने राजभक्ति की दुहाई देकर मुझे आज्ञा दी है, तो फिर मैं क्या कर सकता हूँ! उन्हें बताए बिना मैं कैसे रह सकता हूँ। *(डॉन पैड्रो से)* इसे प्रेम हो गया है मेरे स्वामी! फिर आप आश्चर्य करेंगे कि किससे प्रेम हो गया है। इसके लिए आप क्लॉडिओ से स्वयं पूछ लें। तब आपको पता लगेगा कि कितनी थोड़ी-सी बात में यह जवाब दे देता है। यह लिओनेटो की छोटी लड़की हेरो से प्रेम करता है।

क्लॉडिओ : यदि यह ठीक भी है कि मुझे प्रेम हो गया है, तो आपके प्रश्न 'किससे?' का मेरा उत्तर उतना ही छोटा होगा जितना बैनेडिक का है।

बैनेडिक : इसका उत्तर तो विषय को टालने वाला है, जैसे पुरानी कहानी में कोई व्यक्ति कहता है–'ऐसा नहीं है, न ऐसा ही था। ईश्वर बचाए। ऐसा ही हो।'

क्लॉडिओ : न, मैं कहाँ सीधा उत्तर देने से हट रहा हूँ! यदि मेरा प्रेम शीघ्र ही नहीं बदलता है, तो मैं कहता हूँ कि ईश्वर बचाए कि यह किसी तरह इसके विपरीत हो।

डॉन पैड्रो : और हम कहते हैं 'आमीन', यदि तुम उसे प्रेम करो तो! क्योंकि वह लड़की बिलकुल तुम्हारे प्रेम के योग्य है।

क्लॉडिओ : आप यह सब कुछ जाल इसीलिए फैला रहे हैं मेरे स्वामी! कि मैं इस प्रेम की बात खुले रूप से आपके सामने स्वीकार कर लूँ।

डॉन पैड्रो : मैं तो शपथ खाकर कहता हूँ कि जो कुछ भी मेरे दिल में आता है, वही मैं कहता हूँ।

क्लॉडिओ : और सच, स्वामी! मैं भी तो अपने सच्चे विचारों को छोड़कर वही सब कुछ कहता हूँ।

बैनेडिक : और मैं सच, और अपनी शपथ खाकर कहता हूँ कि जो कुछ मैं कह रहा हूँ वे मेरे सच्चे विचार हैं।

क्लॉडिओ : मैं अपने अन्तःकरण में यही अनुभव करता हूँ कि मुझे उससे प्यार है।

डॉन पैड्रो : मैं जानता हूँ कि वह तुम्हारे प्रेम के योग्य है।

बैनेडिक : और मैं अपने विचार में पक्का हूँ। चाहे आग क्यों न मुझे जला दे, पर

मैं अपने विचार से अलग नहीं हट सकता, कि मैं नहीं समझता, कि आखिर क्यों कोई उसे प्यार करता है और कैसे वह प्रेम के योग्य है।

डॉन पैड्रो : तुम तो स्त्री के सौन्दर्य के सदा से बड़े ज़िद्दी दुश्मन रहे हो।

क्लॉडिओ : और यह ऐसा दुश्मन है जो तर्क के द्वारा अपने विचारों का समर्थन नहीं कर सकता पर, सिर्फ ज़िद से उन पर अड़ा रहता है।

बैनेडिक : मैं तो स्त्री का आभारी इसलिए हूँ कि उसने मुझे जन्म दिया है और मेरा पालन-पोषण किया है। लेकिन स्त्रियाँ मुझे माफ करें! यदि मैं ऐसी व्यभिचारिणी स्त्रियों के पतियों का जैसा सींग अपने माथे पर न लगाऊँ, या इस तरह का पति बनने से इनकार कर दूँ जो बाद में अपनी शर्म छिपाता फिरता है तो वे मुझे माफ कर दें! बजाय इसके कि मैं किसी स्त्री के ऊपर निगाह लगाकर उसको गलत रास्ते पर ले जाऊँ, मैं किसी को भी अपने निकट आने का अवसर नहीं दूँगा और अच्छे तरीके से पूरे जीवन-भर कुँवारा रहूँगा और तब मैं और भी अच्छे-अच्छे कपड़े पहन सकूँगा, क्योंकि तब चमक-दमक के कपड़े पहनने वाली स्त्री के खर्चे का बोझा तो मेरे सिर पर रहेगा ही नहीं।

डॉन पैड्रो : लेकिन मैं तुमसे यह भी कहे देता हूँ कि मेरे मरने से पहले ही मैं, किसी के प्रेम में तुम्हें पीला चेहरा लिए हुए देखूँगा।

बैनेडिक : हो सकता है कि क्रोध से या बीमारी से या भूख से मेरा चेहरा पीला पड़ जाए मेरे स्वामी! पर प्रेम के कारण यह कभी पीला नहीं पड़ेगा। यदि तुम यह सिद्ध कर दो कि इस प्रेम की बीमारी में मैंने कभी भी इतना खून सुखाया हो, जिससे अधिक शराब से मैंने अपने अन्दर पैदा न कर लिया हो, तो समझ लो किसी लेखक की कलम से मेरी आँखें बाहर निकलवा लेना और मुझे किसी वेश्या के कमरे के दरवाज़े पर इस तरह लटका देना, जैसे अन्धा कामदेव उसके 'साइनबोर्ड' पर एक चिह्न के रूप में लटका रहता है।

डॉन पैड्रो : अच्छा, अब अगर तुमने कभी भी अपनी इस प्रतिज्ञा को तोड़ा तो फिर व्यंग्य के विषय बन जाओगे, समझे।

बैनेडिक : अगर मैं ऐसा करूँ तो एक बिल्ली की तरह मुझे पिंजड़े में या खुली हुई किसी टोकरी में लटका देना, और फिर इनमें होकर मुझे तीरों से छेद देना, और जो आदमी मुझे छेदे, उसकी बहुत बड़े धनुर्धारी के रूप में प्रशंसा करना।

डॉन पैड्रो : अच्छा, अच्छा! वक्त सब कुछ सामने ला देगा। क्या कहते हो, यहाँ तक कि खतरनाक से खतरनाक बैल भी आखिर काबू में आता है और उसे भी जुए के नीचे जुतना पड़ता है।

बैनेडिक : जंगली बैल जुत सकता है, लेकिन यदि मेरे जैसा अक्लमन्द आदमी ऐसा करे, तो फिर तुम उसके सिर पर बैल के सींग ही लगा देना। उसकी भद्दी-सी तस्वीर बनाकर किसी सराय के ऊपर लगा देना, जिससे लोगों को उसे देखकर

फौरन यह मालूम हो जाए कि यही उनकी सराय है और फिर उसके नीचे घोड़ों का विज्ञापन करने वालों की तरह मोटे अक्षरों में लिखवा देना कि 'यह रहा वही बैनेडिक जो कि एक ठगा हुआ पति है।'

क्लॉडिओ : सच अगर ऐसा हो जाए तब तो तुम निस्सन्देह एक पागल की तरह चिल्लाने लगोगे।

डॉन पैड्रो : यदि वेनिस को छोड़कर, जो कि वीरता और खुले प्रेम और विलास का घर है, कामदेव ने अन्य किसी जगह अपने प्रेम की करामात दिखाई, तो फिर जल्दी ही तुम्हें इससे परेशान होना पड़ेगा।

बैनेडिक : यह उतना ही सम्भव है जितना एक भूचाल।

डॉन पैड्रो : समय आने दो, तुम धीरे-धीरे अपने आप ठण्डे पड़ जाओगे। इस बीच में श्रीमान् बैनेडिक! कृपा करके लिओनेटो के घर जाओ, और उन्हें मेरी ओर से नमस्कार कहना और कहना कि मैं किसी भी हालत में शाम को उनकी दावत में अनुपस्थित नहीं रहूँगा, और यह देखूँगा कि उन्होंने शानदार दावत की तैयारियाँ की हैं।

बैनेडिक : मैं चाहे अपनी बड़ाई करते हुए ही कहूँ, पर इतना कहता हूँ कि ऐसे महत्त्वपूर्ण कार्य के लिए मैं पूरी तरह योग्य हूँ और इसीलिए मैं तुम्हें धन्यवाद देता हूँ।

क्लॉडिओ : ईश्वर की सहायता व संरक्षण के लिए? मेरे घर से—अगर यह मेरे पास हो—

डॉन पैड्रो : छः जुलाई को! यह तुम्हारा प्यारा दोस्त बैनेडिक!

बैनेडिक : अब क्या आप इस तरह गम्भीर होकर मज़ाक नहीं कर रहे हैं। आपकी बातचीतों का मुख्य विषय हमेशा कुछ न कुछ उक्तियों से भरा रहता है, जिनका सच पूछो तो विषय से कोई भी सम्बन्ध नहीं होता। इससे पहले कि आप इन मज़ाकों की हँसी उड़ाएँ, उनको पूरी तरह परख लीजिए कि कहीं वे आपके ऊपर ही तो नहीं घटते हैं?

(प्रस्थान)

क्लॉडिओ : मेरे स्वामी! अब आप मेरे ऊपर एक कृपा कर सकते हैं।

डॉन पैड्रो : मैं तो हमेशा तुम्हारी सेवा करने लिए तत्पर हूँ। कहो तुम क्या चाहते हो, फिर देखना मेरा प्रेम किसी भी आपत्ति का सामना करके तुम्हारी इच्छा को पूरा करेगा।

क्लॉडिओ : क्या लिओनेटो के कोई पुत्र है मेरे स्वामी?

डॉन पैड्रो : हेरो के सिवाय उसके कोई और सन्तान नहीं है। वही उसकी एकमात्र उत्तराधिकारिणी है। क्लॉडिओ! क्या तुम्हारा हृदय प्रेम में उसकी तरफ झुका हुआ है?

क्लॉडिओ : मेरे स्वामी! जब मैं इस युद्ध के लिए, जो अभी समाप्त हुआ है, आपके

साथ आया था, तो मैं केवल एक सिपाही की नज़रों से ही उसको चाहने लगा था, जो कभी भी प्रेम के रूप में नहीं बदल सका था। उसका कारण मेरा युद्ध के बीच कठोर जीवन था। लेकिन अब तो मैं युद्ध से वापस आ गया हूँ और मेरे हृदय के युद्ध के विचारों का अब लेशमात्र भी कहीं नहीं है। तभी प्रेम की कोमल भावनाएँ मेरे अन्दर उमड़ी चली आ रही हैं और वे ही मुझे याद दिला रही हैं कि हेरो अत्यधिक सुन्दर थी और यह भी युद्ध में जाने से पूर्व ही मैं उसे प्यार करने लगा था।

डॉन पैड्रो : लेकिन तुम शीघ्र ही प्रेमी के रूप में दूसरों के लिए आफत बन जाओगे और सुनने वालों को अपनी प्रेयसी के बारे में अपरिमित बातें करके बेकार में थकाओगे। यदि वास्तव में तुम हेरो से प्रेम करते हो, तो करते रहो। मैं इस बात को, उसके तथा उसके पिता के सामने खोल दूँगा, और तब तुम्हें वह मिल जाएगी। जब तुमने अपनी इस सुन्दर कहानी का ताना-बाना बुना था, तब यही तो तुम्हारा उद्देश्य था न?

क्लॉडिओ : ओह! आप किस मधुरता के साथ मेरे प्रेम को बल दे रहे हैं! आप तो इसके सभी लक्षणों को जानते हैं। यदि मैं अपनी ही योजना को लेकर आगे बढ़ता, तो मेरी प्रेम की घोषणा इतनी शीघ्र न हो पाती, और मैं बातचीतों के द्वारा एक लम्बे समय के बाद ही अपना उद्देश्य पूरा कर पाता।

डॉन पैड्रो : जिस नदी पर पुल बँधा हुआ होता है, उसके लिए यह आवश्यक नहीं होता कि वह नदी से अधिक चौड़ा हो। किसी के लिए सबसे अच्छी बात, जो भी तुम कर सकते हो, वह उसकी इच्छाओं को ठीक समय पर पूरी करना ही है। जिससे उसको लाभ पहुँच सकता है, वही काम उचित है। मेरे लिए यह जानना पर्याप्त है कि तुम प्रेम करते हो, अब उसका उपाय कुछ न कुछ मैं ढूँढूँगा। आज रात को कुछ उत्सव और कुछ नाटक वगैरह होने वाला है। उसमें मैं अपना वेश बदलकर हेरो के पास क्लॉडिओ के रूप में पहुँच जाऊँगा। वहाँ मैं इस तरह भावुकता के साथ अपने प्रेम की कहानी सुनाऊँगा कि उसका हृदय भी उसे सुनकर सिसक उठेगा और तब वह मेरे प्रेमोद्गारों को बाध्य होकर सुनेगी। इसके बाद मैं उसके पिता को यह सारा भेद बताऊँगा और इस तरह अन्त में वह उसका हाथ तुम्हें दे देगा। इस बीच आओ, बैठकर हम अपनी पूरी योजना बना लें।

दृश्य 2

(लिओनेटो के घर का एक कमरा, लिओनेटो
और एन्टोनिओ का प्रवेश—मिलन)

लिओनेटो : कहिए भाई! मेरा भतीजा यानी तुम्हारा पुत्र कहाँ है? क्या उसने उत्सव

के लिए संगीत का प्रबन्ध कर लिया है?

एन्टोनिओ : वह इसकी तैयारी में बहुत व्यस्त है। लेकिन मैं तुम्हें एक ऐसी खबर दे सकता हूँ जिसकी तुम्हें कोई आशा न होगी।

लिओनेटो : क्या कोई अच्छी खबर है?

एन्टोनिओ : देखो, भविष्य में क्या होता है इसके ऊपर ही वे अधिकतर निर्भर हैं, पर किसी भी हालत में वे बाहर से तो अच्छी ही खबरें दिखाई देती हैं। राजकुमार सरदार क्लॉडिओ के साथ मेरे बाग में घूम रहे थे। वे सभी से दूर छिपकर ही कुछ बातें कर रहे थे, लेकिन मेरे एक सेवक ने छिपकर उनकी बातें सुनी हैं। राजकुमार क्लॉडिओ के सामने आपकी पुत्री के लिए अपने प्रेम की बातें कर रहे थे और कह रहे थे कि आज रात को नृत्य के बीच में वे स्वयं हेरो से इसके बारे में बातें करेंगे। वे कह रहे थे कि यदि हेरो राज़ी हो गई तो वे थोड़ा भी विलम्ब न करके शीघ्र ही इस विषय को तुम्हारे सामने रखेंगे।

लिओनेटो : क्या तुम्हें सूचना देने वाला कोई अक्लमन्द आदमी है?

एन्टोनिओ : बहुत चतुर आदमी है। मैं उसको बुलाऊँगा और तब तुम स्वयं उससे कुछ भी प्रश्न कर सकते हो।

लिओनेटो : नहीं, नहीं, जब तक यह विषय हमारे सामने कार्य रूप में परिणत होने के लिए नहीं आता, तब तक तो हमें इसे कोरी कल्पना ही समझना चाहिए। लेकिन मैं हेरो से इसके सम्बन्ध में कह दूँगा, जिससे वह यह सोच ले कि उसे क्या उत्तर देना है। सम्भव है, यह बात सच निकले। जाओ, तुम स्वयं ही जाकर उससे यह बात कह दो।

(सेवकों का प्रवेश)

भाइयो! तुम तो इस विषय में अपना-अपना काम जानते ही हो। ओ, मित्र! माफ करना मुझे। मैं तुम्हारी सलाह और सहायता का पूरी तरह उपयोग करूँगा। मेरे अच्छे भाइयो! अभी तो हम लोग बहुत व्यस्त हैं। अच्छा हो इस शोरगुल और हलचल के बीच तुम अपनी देखभाल स्वयं ही करो।

दृश्य 3

(डॉन जौन और कॉनरेड का प्रवेश)

कॉनरेड : भगवान् के लिए मुझे बताओ मेरे स्वामी! कि बात क्या है? आप इतने चिन्तित और दुःखी क्यों दीखते हो?

डॉन जौन : वह अवसर, वही मेरे जन्म का! वह मेरे लिए अथाह दुःख देने वाला है। मेरे इस तरह पैदा होने से, मैं किसी काम का न रहा और मेरी खोए-खोए रहने की प्रवृत्ति भी उसी तरह अपनी कोई हद नहीं रखती है।

कॉनरेड : लेकिन आपको अपनी तर्क-बुद्धि से काम लेना चाहिए।

डॉन जौन : फिर यदि मैं तर्क-बुद्धि से काम लूँ भी, तो इससे मुझे क्या लाभ होगा?

कॉनरेड : यद्यपि आपकी परेशानियाँ फौरन तो इससे दूर नहीं होंगी, पर फिर भी यह तर्क-बुद्धि आपको धैर्य रखने का पाठ तो अवश्य पढ़ाएगी।

डॉन जौन : मुझे यह देखकर आश्चर्य होता है कि तुम जैसे आदमी, जो स्वयं अपने जन्म से लेकर अब तक दुःखी और चिन्तित रहते आए हैं, ऐसी घातक बीमारी का इलाज कोरे उपदेशों के द्वारा करने का मिथ्या प्रयत्न करते हैं। मैं अपने हृदय की भावनाओं को छिपा नहीं सकता। जब मेरे दुःखी रहने का एक बहुत बड़ा कारण है, तो क्यों मैं दुःखी न रहूँ? मैं दूसरों के मज़ाकों पर नहीं हँस सकता। जब मुझे भूख लगती है, तो मैं बिना किसी दूसरे की सुविधा की ओर ध्यान देकर, स्वयं खाने लग जाता हूँ। जब मुझे नींद आती है, तो मैं बिना दूसरों की बातों की परवाह करके, स्वयं सो जाता हूँ। उसी समय मैं हँसता हूँ, जब मुझे कोई खुशी होती है। बेकार मैं दूसरों की हँसी में अपनी हँसी नहीं मिलाता, और न दूसरों के लिए इस तरह अपनी इच्छा का दमन करता हूँ।

कॉनरेड : आप ठीक कहते हैं, लेकिन अपनी इस तरह की तबियत को आपको तब तक नहीं दिखाना चाहिए, जब तक ऐसा करने के लिए आपको पूरी स्वतन्त्रता न हो। अभी कुछ ही दिन पहले आपने अपने भाई के विरुद्ध विद्रोह किया था और अभी फिर उन्होंने आपसे मित्रता कर ली है। अब यह समझ लीजिए कि आपके लिए इस मित्रता को निभाना उस समय तक असम्भव है, जब तक आप अपने आपको उनके स्वभाव के अनुकूल न बदल लें।

डॉन जौन : यदि उसका-सा स्वभाव बनाने में ही मुझे कुछ फायदा हो सकता है, तो बजाय एक बाग का फूल बनने के, मैं तो एक जंगली फूल ही बना रहना ज़्यादा अच्छा समझूँगा। बजाय इसके कि झूठा तरीका अपनाकर मैं किसी का कृपापात्र बनूँ, मेरी तबीयत को तो दूसरों की घृणा का पात्र बनना ही अधिक रुचता है। ऐसी हालत में, यद्यपि मैं उस तरह के ईमानदार व्यक्तियों की कोटि में नहीं गिना जा सकता, जो कुछ-कुछ खुशामद करके अपना जीवन-निर्वाह करते हैं; फिर भी यह कोई भी नहीं झुठा सकता कि चाहे कितना भी बुरा या दुष्ट मैं हूँ, मैं हमेशा एक साफ तबियत का आदमी हूँ। वे यह दिखाते हैं कि मैं उनका बड़ा विश्वासपात्र हूँ, पर कैसे? मेरे गले पर गोली भरी हुई बन्दूक की नली उसी तरह रखकर, जैसे एक बावले कुत्ते की गरदन पर रखी जाती है? वे मुझे पूरी स्वतन्त्रता देने की भी तो बातें करते हैं? पर क्या है वह स्वतन्त्रता? ठीक वैसी ही, जैसे किसी जानवर का पैर किसी खम्भे से इसलिए बाँध दिया जाए कि कहीं यह भाग न जाए। इसलिए एक पिंजड़े में बन्द चिड़िया की तरह, मैंने भी निश्चय कर लिया है, कि मैं उनकी तबीयत रिझाने के लिए गाना नहीं गाता फिरूँगा।

अगर मुझमें ताकत हुई, तो मैं निर्दयतापूर्वक उन पर हमला करूँगा। अगर मैं स्वतन्त्र हो गया, तो जो मेरा मन कहेगा, वही काम मैं करूँगा। लेकिन अब जैसी भी परिस्थिति है, इसमें मुझे अपने स्वाभाविक रूप से रहने दो और यह प्रयत्न न करो कि मैं अपने ओठों पर झूठी मुस्कराहट लेकर एक पाखण्डी धूर्त्त बन जाऊँ।

कॉनरेड : क्या आप अपने इस असन्तोष से कोई फायदा नहीं उठा सकते?

डॉन जौन : अवश्य उठाऊँगा, क्योंकि मेरे इस असन्तोष के सिवाय मुझे और किसी चीज़ से कुछ लेना-देना नहीं है। लेकिन देखो, ऐसा सुनाई देता है कि कोई आ रहा है?

(बोरेकिओ का प्रवेश)

कोई खबर है बोरेकिओ?

बोरेकिओ : मैं अभी-अभी लिओनेटो के घर से दावत में से आ रहा हूँ। वहाँ आपके भाई का बिलकुल राजाओं जैसा सम्मान लिओनेटो कर रहे हैं। बस मैं तो आपको एक ही खबर दे सकता हूँ, और वह यह है कि शीघ्र ही किसी की शादी होने वाली है।

डॉन जौन : क्या इससे किसी को कोई नुकसान पहुँच सकता है? कैसा बेवकूफ है वह जो शादी करके अपनी ज़िन्दगी के लिए एक परेशानी मोल ले रहा है!

बोरेकिओ : मैं मेरी देवी की शपथ खाकर कहता हूँ कि वह आपके भाई का बहुत बड़ा विश्वासपात्र व्यक्ति है।

डॉन जौन : कौन, वही सुसंस्कृत नवयुवक क्लॉडिओ न?

बोरेकिओ : वही।

डॉन जौन : बड़ा सभ्य और अच्छा आदमी है! लेकिन वह स्त्री कौन है जिस पर उसकी आँखें लगी हुई हैं?

बोरेकिओ : मैं मेरी देवी की शपथ खाकर कहता हूँ वह लिओनेटो की इकलौती बेटी और उसकी एकमात्र उत्तराधिकारिणी हेरो ही है।

डॉन जौन : बड़ी साफ और सधी हुई तबियत की होशियार लड़की है। लेकिन हाँ, तुम्हें यह सब कुछ कैसे मालूम हुआ?

बोरेकिओ : मुझे एक गन्धी की हैसियत से एक गन्दे कमरे को साफ और सुगन्धित करने का काम मिला था, तभी मैंने देखा कि राजकुमार और क्लॉडिओ, एक दूसरे के हाथ में हाथ डाले, कुछ गम्भीर बातें करने में व्यस्त थे। मैं उसी क्षण पर्दों के पीछे छिप गया और उनकी सारी बातें मैंने सुन लीं। यह तय हुआ था कि पहले राजकुमार स्वयं हेरो से प्रेम करें और उसके हृदय को जीतकर फिर उसे क्लॉडिओ को दे दें।

डॉन जौन : आओ, चलें। यही मेरा बदला लेने का समय है, जिससे मैं अपने हृदय की जलन को शान्त करूँगा। वह नया-नया राजा बना बैठा हुआ, नवयुवक ही

तो मेरी हार का कारण है। उसके विरुद्ध षड्यन्त्र रचकर उसे हराने का थोड़ा भी अवसर मुझे मिलेगा, उसे मैं ईश्वर का बहुत बड़ा वरदान समझूँगा। क्या तुम दोनों पर मैं विश्वास रखूँ? तुम ऐसी परिस्थिति में मेरी सहायता के लिए तैयार रहोगे न?

कॉनरेड : आपकी सहायता करने के लिए एक बार हमें मौत से भी टकराना पड़ेगा तो भी हम पीछे नहीं हटेंगे।

डॉन जौन : चलो तो! उस दावत में चलें, जहाँ मेरे जीवन की हार और मेरा अपमान, उन लोगों को और भी अधिक स्वाद दे रहा है। मैं चाहता हूँ कि काश! जैसी मेरे पेट में जलन है, वैसी वहाँ के रसोईदार के पेट में होती, क्योंकि सबसे आसान तरीका बदला लेने का यही है कि पूरे खाने में ज़हर मिला दिया जाए। चलो पहले तो वहाँ चलें और फिर निर्णय करेंगे कि हमें क्या करना है।

बोरेकिओ : हम आपकी सेवा में उपस्थित हैं मेरे स्वामी!

(जाते हैं।)

दूसरा अंक

दृश्य 1

(लिओनेटो के घर का बड़ा कमरा)
(लिओनेटो, एन्टोनिओ, हेरो, बिएट्रिस तथा अन्य लोगों का प्रवेश)

लिओनेटो : क्या डॉन जौन दावत में नहीं आया था?

एन्टोनिओ : मैंने तो उसे नहीं देखा।

बिएट्रिस : उसका चेहरा कैसा रूखा-सा और चिन्ता से दबा हुआ दीखता है! जब मैंने उसे देखा तो सच ठीक तेज़ाब पीने से एक घण्टे बाद ही जैसे पेट जल जाता है वैसे ही मेरा हृदय दुःख से जलने लगा।

हेरो : वह तो कुछ स्वभाव से ही दुःखी लगता है।

बिएट्रिस : सच कहती हूँ, कोई आदमी जो डॉन जौन और इधर बैनेडिक के बीच का स्वभाव रखता होगा, वह निश्चित रूप से ही, बहुत अच्छा होगा। क्योंकि बात ऐसी है कि एक तो बिलकुल एक गूँगी मूर्ति के समान है और दूसरा घर के बिगड़े हुए बच्चे की तरह बहुत बातूनी और ढीठ है।

लिओनेटो : तब तुम्हारे कहने के मुताबिक डॉन जौन तो बैनेडिक का यह आधा ढीठपन और बातूनीपन सीखे और बैनेडिक डॉन जौन का आधा इस तरह दुःखी और चिन्तित रहना सीखे।

बिएट्रिस : इस तरह सुडौल पैरों और भरी हुई थैली वाला आदमी ही किसी स्त्री को जीत सकता है, बशर्ते कि वह स्त्री उससे प्रेम करने लग जाए।

लिओनेटो : मैं यह अपने पूरे विश्वास के साथ कह रहा हूँ बेटी! कि यदि तुम्हारी ज़बान इसी तरह तेज़ी से काम करती रही, तो तुम्हें अपने लिए कोई भी पति नहीं मिलेगा।

एन्टोनिओ : सच, ज़बान तो इसकी बहुत कड़वी है।

बिएट्रिस : लेकिन जो बहुत कड़वा होता है, वह सिर्फ कड़वा होने से कुछ और अधिक

भी होता है! उस हालत में मैं ईश्वर की देन पर एक निश्चित सीमा बाँध दूँगी, क्योंकि कहावत चली आती है कि ईश्वर मुझे कोई पति नहीं देगा, इसीलिए मुझे कोई सींग भी नहीं देगा।

लिओनेटो : इसी से, तुम पर बड़ा अभिशाप गिरेगा कि तुम्हारे जीवन में वाद्यध्वनि[1] सुनने का सुन्दर अवसर आ ही नहीं पाएगा।

बिएट्रिस : बिल्कुल ठीक है बशर्ते कि मुझे कोई पति न मिले और इसके लिए मैं रात और दिन भगवान् से प्रार्थना करती हूँ। हे भगवान्! मेरा पति दाढ़ीवाला! ओह! कितनी नफरत है मुझे! इसके बजाय तो मैं कुँवारी मरना अधिक अच्छा समझूँगी।

लिओनेटो : तुम्हें बिना दाढ़ीवाला पति भी तो मिल सकता है।

बिएट्रिस : फिर मैं करूँगी क्या ऐसे पति से? वह तो बिलकुल स्त्री जैसा दिखेगा! फिर मैं उसे अपने कपड़े पहनाकर अपनी परिचारिका बना लूँगी। दाढ़ी से आदमी एक नवयुवक से कुछ अधिक दिखने लगता है और अगर यह न रहे तो वह पूरा आदमी नहीं रहता। अब वह आदमी, जो अपनी जवानी पार कर चुका हो, उसे मैं अपना पति नहीं बनाऊँगी; और जो स्वयं पूरा आदमी नहीं है, वह मुझसे शादी करेगा ही नहीं, इसलिए मुझे किसी रीछ नचानेवाले के नीचे कोई नौकरी करनी पड़ेगी और उससे ईमानदारी से मैं छह पैन्स कमाऊँगी और फिर एक कुँवारी बुढ़िया रहने के अपराध में उसके बन्दरों को रस्सी पकड़े नरक तक ले जाना पड़ेगा।

लिओनेटो : अच्छा तो क्या तुम नरक को जा रही हो?

बिएट्रिस : नहीं, मैं तो सिर्फ नरक के दरवाज़े तक जा रही हूँ, क्योंकि जब मैं वहाँ पहुँच जाऊँगी तो यम वहाँ मुझसे कहेगा—‘‘जा, स्वर्ग को भाग जा बिएट्रिस! कुँवारी कन्याओं के लिए यह स्थान नहीं है! यहाँ तो पतियों के लिए ही सुरक्षित स्थान है।’’ तब मैं वहाँ अपने बन्दरों को छोड़कर सीधी सेण्ट पीटर के पास भाग जाऊँगी जो मुझे स्वर्ग तक ले जाएगा और यह बतलाएगा कि कुँवारे लोगों की कहाँ जगह है! फिर वहाँ मैं जैसे दिन लम्बा होता है, वैसे ही अनन्त प्रसन्नता से रहूँगी।

एन्टोनिओ : *(हीरो से)* अच्छा बेटी! मैं सोचता हूँ कि ऐसे मामलों में तुम अपने पिता की बात मानोगी?

बिएट्रिस : निस्सन्देह मेरी बहिन एक कर्तव्यपरायण सन्तान की तरह अपने पिता की आज्ञा मानेगी और उनकी इच्छाओं को पूरी करेगी। लेकिन फिर भी बहिन! तुम चाहे कितनी भी आज्ञा का पालन करो, पर एक बात मैं कहे देती हूँ, कि अपना पति ऐसा ढूँढना जो एक सुन्दर नवयुवक हो, और नहीं हो, तो फिर एक

---

1. Horns : इसके दो मतलब हैं, एक तो सींग और दूसरा वाद्य। यह शेक्सपियर का ‘पन’ (Pun) है। हिन्दी में इस तरह का एक शब्द न होने के कारण हम इसे दो भिन्न शब्दों के द्वारा ही प्रगट कर सकते हैं।

बार अपने पिता के सामने सिर नवाकर कह दो कि तुम अपनी इच्छा के अनुकूल अपना विवाह करोगी।

लिओनेटो : अच्छा बेटी! मैं तो यही देखना चाहता हूँ कि तुम्हारा विवाह तुम्हारी पसन्द के ही व्यक्ति के साथ बड़ी खुशी से हो जाए।

बिएट्रिस : लेकिन इसकी तब तक कोई आशा नहीं, जब तक मिट्टी को छोड़कर और किसी अच्छे पदार्थ में से भगवान् आदमी को न बनाए। क्या एक स्त्री के लिए यह घोर अपमान की बात नहीं है कि एक मिट्टी का बना हुआ प्राणी उसके ऊपर शासन करे और उस बेचारी को उस क्षणभर में टूटने वाले मिट्टी के पुतले के सामने अपने कामों का लेखा-जोखा देना पड़े? नहीं चाचाजी! मैं इन आदमियों में से किसी को भी अपना पति नहीं बना सकती। सभी मेरे भाई हैं क्योंकि ये सभी बाबा आदम (Adam) के परिवारवाले हैं। फिर मैं अपने ही भाई-बन्धुओं से शादी करना पाप समझती हूँ।

लिओनेटो : बेटी! जो कुछ मैंने तुमसे कहा था याद रखना उसे। यदि राजकुमार शादी करने की इच्छा से तुम्हारे साथ प्रेम करने आए तो तुम जानती हो न कि क्या उत्तर देना है?

बिएट्रिस : यदि यह प्रेम की बातचीतें ठीक समय पर और ठीक ढंग से न हों और यदि ये नपी-तुली चाल से आगे न बढ़ें, तो फिर इसमें संगीत का दोष होगा यानी इनकी लय में गड़बड़ी होगी। यदि राजकुमार बहुत ही उतावला हो रहा हो तो तुम उससे कह देना कि चूँकि नृत्य में भी बराबर की लय की एक सीमा होती है, एक बन्धन होता है, उसी तरह उसे अपने प्रेम को भी अपनी सीमा में रखना चाहिए। इसलिए जब तुम यह उत्तर दो तो स्थिर नृत्य नाचने लग जाना। यह प्यार, शादी और फिर उस पर पश्चात्ताप, सब कुछ स्कॉच नृत्य 'जिग', स्थिर नृत्य 'मैज़्यर' और पाँच मात्राओं के नृत्य के समान हैं। पहला-पहला प्यार और उसका दीवानापन तो इतने उतावलेपन और बेचैनी से भरा होता है कि ठीक उसी तरह का स्कॉच नृत्य 'जिग' होता है। फिर शादी कुछ गम्भीर और सधी हुई प्रवृत्ति की चीज़ होती है तो उसी जैसा स्थित नृत्य मैज़्यर (Measure) होता है, जो बहुत पुराने ज़माने से प्रचलित है। अब पश्चात्ताप तो बिलकुल पाँच मात्राओं के नृत्य की तरह चलता है, जो एक साथ तेज़ होता चला जाता है और काफी तेज़ होने के बाद धीमा होकर खत्म हो जाता है।

लिओनेटो : मेरी प्यारी बेटी! तुम तो बहुत ही चतुर हो।

बिएट्रिस : हाँ, चाचाजी। जब आँखों के सामने खुली होकर कोई चीज़ आ जाती है, तो मैं उसे अच्छी तरह देख सकती हूँ।

लिओनेटो : लो वे तमाशा करनेवाले आ गए। भाई! आओ, हम उनके लिए पर्याप्त स्थान का प्रबन्ध कर दें।

(सभी अपने बनावटी वेश में)

(डॉन पैड्रो, क्लॉडिओ, बैनेडिक, बाल्थैसर डॉन जौन,

बोरेकिओ, मार्गरेट, उर्सुला और अन्य सभी बनावटी वेश में)

डॉन पैड्रो : देवी! क्या तुम अपने प्रेमी को अपने साथ रहने का सुअवसर प्रदान करोगी?

हेरो : यदि तुम चुपके और आहिस्ते चलो, और कुछ न बोलते हुए केवल अच्छे दीखते रहो, तो मैं तुम्हारे साथ चल सकती हूँ और खास तौर पर तब जब तुम्हारे पास से जाने का प्रश्न आए तब तुम मेरी शर्तों को मानते रहो, तो मैं बिलकुल तैयार हूँ।

डॉन पैड्रो : क्या एक मित्र की तरह तुम मेरे साथ घूमोगी?

हेरो : तो जब तक 'ठीक है' ऐसा उत्तर मैं न दे दूँ, तब तक प्रतीक्षा करिए श्रीमान्।

डॉन पैड्रो : तो ऐसा तुम कब कहोगी?

हेरो : जब मुझे तुम्हारा चेहरा अच्छा लगने लगे। ईश्वर बचाए कि कहीं वह चेहरा भी ऐसा ही भद्दा न हो, जैसा इसके ऊपर नकली चेहरा है।

डॉन पैड्रो : मेरा नकली चेहरा तो ठीक वैसा ही है, जैसी फिलेमन और बॉसिस[1] की झोंपड़ी जिसमें भगवान् स्वयं आए थे।

हेरो : यदि तुम्हारा नकली चेहरा उस झोंपड़ी जैसा है तो उस पर अवश्य छप्पर पड़ा हुआ होगा।

डॉन पैड्रो : धीरे-धीरे बोलो, यदि तुम प्रेम की ही बातें करना चाहती हो तो।

(उसको बगल में खींचते हुए)

बाल्थैसर : मैं चाहता हूँ कि तुम्हें मैं पसन्द होता।

मार्गरेट : मैं तुम्हारे हित में ही यह नहीं चाहती क्योंकि मुझमें बहुत से दुर्गुण हैं।

बाल्थैसर : एकाध बताओ तो।

मार्गरेट : कृपया ज़ोर से बोलिए।

बाल्थैसर : इसके लिए तो मैं तुम्हें और भी अधिक प्यार करता हूँ, क्योंकि जो भी तुम्हारी इस प्रार्थना को सुनेंगे अवश्य 'आमीन' कह देंगे।

मार्गरेट : एक तो मेरी प्रार्थना यह है कि ईश्वर मुझे एक अच्छा नर्त्तक अपने साथी के रूप में दें।

बाल्थैसर : 'आमीन'।

मार्गरेट : और जब नृत्य समाप्त हो जाए, तो फिर उसे मेरी आँखों के

---

1. फिलेमन और बॉसिस दोनों स्त्री-पुरुष फ्रीजिया के दो वृद्ध किसान थे जो एक छोटी-सी झोंपड़ी में गरीबी के दिन काटते थे। वहाँ जुपीटर और मरकरी जो दूसरी जगहों से निकाल दिए गए थे, वेश दलकर आए थे और उन किसानों ने उनका बहुत अच्छा स्वागत व सत्कार किया था। उन्हीं देवताओं ने उस झोंपड़ी को एक मन्दिर बना दिया और वे किसान स्त्री-पुरुष उस मन्दिर के पुजारी और पुजारिन के रूप में रहे।

सामने से हटा ले। अच्छा, अब श्रीमान्, क्लर्क! इस प्रार्थना पर भी तो 'आमीन' कहो न?

बाल्थैसर : छोड़ो, अब इस बात पर हमें अधिक शब्द व्यर्थ नहीं बिगाड़ने चाहिए। मैं अपनी हार मानता हूँ।

उर्सुला : मैं तुम्हें अच्छी तरह जानती हूँ। तुम तो श्रीमान् एन्टोनिओ हो न?

एन्टोनिओ : संक्षेप में कह रहा हूँ, मैं वह नहीं हूँ।

उर्सुला : मैं तुम्हारे सिर हिलाने के तरीके से तुम्हें अच्छी तरह जानती हूँ।

एन्टोनिओ : सच पूछो तो बात यह है कि उसकी नकल कर रहा हूँ।

उर्सुला : तुम इस तरह बेरहमी से ठीक-ठीक उसकी बुरी आदतों की नकल तब तक नहीं कर सकते, जब तक तुम स्वयं वही आदमी न हो जाओ।

एन्टोनिओ : संक्षेप में कह रहा हूँ। मैं वह आदमी नहीं हूँ।

उर्सुला : यह खेल बहुत हो गया अब। क्या तुम सोचते हो कि मैं तुम्हारी इस चतुराई को देखकर भी तुम्हें ठीक-ठीक नहीं पहचान सकती कि तुम वही हो? मनुष्य के अच्छे गुण कभी भी वेश बदलने से नहीं छिपाए जा सकते। अब आगे कुछ न बोलो, तुम वही आदमी हो। मनुष्य के सद्गुण आगे-आगे चमकते हैं। कितना ही बनावटी वेश बनाओ, वे छिप नहीं सकते।

बिएट्रिस : कृपया मुझे यह तो बताइए कि यह खबर किसने आपको दी थी?

बैनेडिक : माफ करिए, यह मैं आपसे नहीं कह सकता।

बिएट्रिस : तो क्या मैं यह भी नहीं जान सकती कि आप हैं कौन?

बैनेडिक : उसके लिए भी आप मुझे अभी तो माफ करें।

बिएट्रिस : यह श्रीमान् बैनेडिक के सिवाय कोई दूसरा आदमी नहीं हो सकता, जिसने आपसे यह कहा होगा कि मैं बहुत तेज़ स्वभाव की हूँ और मैंने अपनी इस सारी वाक्पटुता को 'सौ रोचक कहानियाँ' नामक किताब से सीखा है।

बैनेडिक : किसके बारे में कह रही हैं आप?

बिएट्रिस : आइए, आइए अब इस तरह बनने से कोई फायदा नहीं निकलेगा। मैं निश्चयपूर्वक यह कह सकती हूँ कि आप उसे अच्छी तरह जानते हैं।

बैनेडिक : नहीं, विश्वास करो। मैं उसे बिलकुल नहीं जानता।

बिएट्रिस : क्या तुम्हें उसने कभी नहीं हँसाया है?

बैनेडिक : कृपया बताइए तो कि कौन है यह बैनेडिक?

बिएट्रिस : वह राजकुमार का विदूषक है। बड़ा मूर्ख और भौंडी अक्ल का है। उसका एक यही काम है और यही एक गुण उसमें है कि वह दूसरों को बदनाम करने के लिए, उनके जीवन के बारे में गन्दी-गन्दी बातें गढ़ा करता है, जो इतनी निराधार और नीचे दर्जे की होती हैं, कि कोई भी उन पर विश्वास नहीं कर सकता। और इसीलिए पैदा होने के साथ-साथ ही उन बातों का खण्डन हो जाता है। सिर्फ

कुछ आवारा किस्म के लोग ही उसका साथ पसन्द करते हैं। और फिर कोई उसकी वाक्पटुता नहीं होती, बल्कि पूरी बदमाशी होती है, जिसमें उन लोगों को बड़ा मज़ा आता है। जब वह दूसरों के बारे में गन्दी-गन्दी बातें कहता है, तब तो वे खुश होते हैं, लेकिन जब वे ही बातें अपने ऊपर आती हैं तो उनके चेहरे तेज़ हो जाते हैं। इसीलिए जब उन लोगों को उसकी बातों में मज़ा आता है, तब तो वे उनके ऊपर खूब हँसते हैं, लेकिन जब उन्हें गुस्सा आता है, तो वे उसके सिर पर थप्पड़ भी जड़ देते हैं। मेरा विश्वास है, वह अपने संगी-साथियों के साथ है। मेरी यह इच्छा अवश्य है कि एक बार वह मुझसे कुछ बोलता, तो मैं उसे बताती कि मैं उसके बारे में क्या सोचती हूँ।

बैनेडिक : ठीक है, जब कभी भी ये सज्जन मुझे मिल जाएँगे, तो मैं उनसे यह सब कुछ कह दूँगा, जो तुम उसके बारे में कह रही हो।

बिएट्रिस : अवश्य, कृपा करके अवश्य कह देना। मैं जानती हूँ, वह मेरे ऊपर भी एक-दो मज़ाक छोड़ेगा, और अगर कहीं उन पर पास खड़े लोगों ने ध्यान नहीं दिया, या उन पर वे नहीं हँसे, तो फिर देखना उसको गम के मारे बेहोशी आ जाएगी, और फिर जैसा वह मूर्ख है, उसी की तरह वह न कुछ खाएगा न पीएगा। लेकिन इससे तो खाना ही बचेगा, अच्छा है। आओ, चलें नृत्य में उस आखिरीवाले जोड़े के पीछे चलें।

बैनेडिक : हाँ, हाँ, जब तक वे अच्छाई की तरफ हमें ले जाएँ, तब तक उनके पीछे चलें, चलो।

बिएट्रिस : बेशक, हाँ अगर वे हमें किसी बुराई की ओर ले गए, तो मैं फौरन उनको छोड़ दूँगी।

(नृत्य। डॉन जौन, बोरेकिओ और क्लॉडिओ
को छोड़कर सभी चले जाते हैं।)

डॉन जौन : मुझे विश्वास है कि मेरा भाई हेरो से प्रेम करता है और इसी विषय पर बातचीत करने के लिए वह उसके पिता को अलग ले गया है। सभी स्त्रियाँ हेरो के साथ चली गई हैं और अब सिर्फ नकली चेहरा लगाए हुए एक आदमी पीछे रह गया है।

बोरेकिओ : मैं उसकी चालढाल से उसे पहचान सकता हूँ। वह अवश्य ही क्लॉडिओ है।

डॉन जौन : क्या आप श्रीमान् बैनेडिक नहीं हैं?

क्लॉडिओ : मालूम होता है आप मुझे अच्छी तरह जानते हैं। मैं बैनेडिक ही हूँ।

डॉन जौन : श्रीमान्! आप तो मेरे भाई के पूर्ण विश्वासपात्र हैं, फिर आपको तो उसके और हेरो के बीच जो प्रेम है उसके बारे में अवश्य पता होगा। कृपया मेरे भाई को समझाइए और उसे उस लड़की से सम्बन्ध तोड़ने के लिए बाध्य

कीजिए, क्योंकि वह उससे कहीं नीचे कुल में पैदा हुई है। ऐसा आप करेंगे, तो मैं जानूँगा, कि आप बहुत योग्य और ईमानदार व्यक्ति हैं।

क्लॉडिओ : यह तुम्हें कैसे पता कि वह हेरो से प्रेम करता है?

डॉन जौन : मैंने उसे उसके सामने अपने प्रेम की शपथ खाते हुए सुना है।

बोरेकिओ : मैंने भी सुना है। वह कह रहा था कि वह इसी रात उससे शादी कर लेगा।

डॉन जौन : आओ, चलो, दावत में शामिल हो जाएँ।

(डॉन जौन तथा बोरेकिओ चले जाते हैं।)

क्लॉडिओ : मैं अभी तक बैनेडिक का-सा वेश बनाए हुए हूँ, लेकिन यह बुरी खबर जो मैंने अभी-अभी सुनी है, वह क्लॉडिओ होने के नाते मेरे हृदय को अन्दर ही अन्दर काट रही है। यह सच ही होगा कि राजकुमार अपने लिए हेरो से प्रेम कर रहा है। इस प्रेम के क्षेत्र में एक मित्र के शब्दों पर भी कुछ विश्वास नहीं किया जा सकता और इसीलिए यही बात है कि सभी प्रेमी ऐसे मामलों में अपनी ही ज़बान से मीठी-मीठी फुसलाने वाली बातें करते हैं। सच बात है। स्त्री की सुन्दरता का जादू ऐसा ही होता है कि मनुष्य अपने सम्मान की सब बातें भूलकर दूसरे ही भावावेश में आ जाता है। इसी कारण हर क्षण आपस के वायदे कटते रहते हैं। लेकिन फिर भी इस मामले में मुझे कोई शक-शुब्हा नहीं है, और अब यही ठीक है कि हेरो के लिए मैं अपनी सारी आशाएँ छोड़ दूँ।

(बैनेडिक का पुनः प्रवेश)

बैनेडिक : मेरा ख़याल है मैं इस समय श्रीमान् क्लॉडिओ से बातें कर रहा हूँ?

क्लॉडिओ : हाँ।

बैनेडिक : क्या आप थोड़े समय के लिए मेरे साथ चलेंगे?

क्लॉडिओ : कहाँ?

बैनेडिक : इस पास वाले पेड़ तक। तुम्हारे ही काम के लिए कह रहा हूँ। यह बताओ टूटे हुए प्रेम की निशानी के लिए तुम किस तरह से माला पहनना चाहोगे? किसी ब्याजखोर की सोने की ज़ंजीर की तरह अपने गले में पहनना चाहोगे या जैसे सिपाही 'स्कार्फ' लगाते हैं उस तरह अपने कन्धे के चारों ओर पहनना चाहोगे? एक चिह्न के रूप में इसे पहन लो। मेरे कहने से अवश्य पहन लो, क्योंकि राजकुमार ने अपने लिए तुम्हें हेरो के हृदय से बाहर निकाल फेंका है।

क्लॉडिओ : मैं उसके लिए शुभकामना करता हूँ कि वह खुश रहे।

बैनेडिक : तुम तो ऐसे बोल रहे हो जैसे कोई चौपाए बेचनेवाला आदमी अपना बैल बेचते समय करता है। लेकिन यह बताओ कि क्या तुमने कभी अपने हृदय में इसकी कल्पना भी की थी कि राजकुमार तुम्हारे साथ ऐसा करेगा?

क्लॉडिओ : अब कृपया मुझे अकेला छोड़ दीजिए।

बैनेडिक : अब तो तुम नाहक़ दूसरे आदमी पर गुस्सा उतार रहे हो। यह तो ठीक उसी तरह की बात हुई, जैसे एक अन्धे का गोश्त एक लड़का चुरा ले गया। अन्धे को जब पता चला, तो उसने गुस्से में आकर उस लड़के को पीटना चाहा, पर सामने एक खम्भा आ गया और वह उसे ही पीटने लग गया।

क्लॉडिओ : अच्छा, अगर आप मेरे पास से नहीं जाएँगे, तो लो मैं ही चला जाता हूँ।

(जाता है।)

बैनेडिक : अफसोस! बेचारा गरीब! घायल चिड़िया की तरह घास के बीच छिपने जा रहा है। कैसी अजीब-सी बात है कि बिएट्रिस मुझे इतनी अच्छी तरह जानकर भी पहचान नहीं पाई। उसने मुझे राजकुमार का विदूषक कहकर पुकारा। शायद आपस में वे मुझे इसी तरह पुकारते हैं और यह मेरी वाक़्पटुता के कारण ही है। लेकिन शायद मैं अपने आपको ही नुकसान पहुँचा रहा हूँ। लोग मुझे इस नाम से बिलकुल नहीं पुकारते हैं। यद्यपि बिएट्रिस की आदत दूसरों की हँसी उड़ाने की है, लेकिन फिर अपनी बात को दूसरों के मुँह से कहलवाना तो बड़ी नीचता है। ठीक है इसके लिए मैं जैसे भी हो सकेगा उससे बदला लूँगा।

(डॉन पैड्रो का पुनः प्रवेश)

डॉन पैड्रो : श्रीमान्! यह बताइए कि क्लॉडिओ कहाँ है? क्या आपने उसे देखा है?

बैनेडिक : श्रीमान्! जो कुछ भी खबर मुझे मिली थी उसे उससे कहने के लिए मैंने अफवाह फैलाने का काम किया है। मैंने देखा कि क्लॉडिओ उतना ही दुःखी और सूना-सूना-सा बैठा था, जैसे किसी की सराय, जिसमें कोई आदमी नहीं आता हो, सूनी बनी रहती है। मैंने उससे कह दिया कि आपने हेरो का हृदय जीत लिया है, और मैं समझता हूँ ऐसा कहकर मैंने ठीक ही किया। मैंने उससे उस पेड़ के पास चलने को कहा, जिसमें मैं शोक के चिह्न-रूप उसे एक माला पहना दूँ या कई टहनियोंवाली एक डाल लेकर खूब उसकी पिटाई करूँ, क्योंकि सच मेरे ख़याल से तो उस पर खूब मार पड़नी चाहिए।

डॉन पैड्रो : क्यों? ऐसा उसने क्या किया है, जो उस पर मार पड़नी चाहिए?

बैनेडिक : आपसे यह कहकर कि आप उसके लिए हेरो का हृदय जीत लें, उसने स्कूल के उसी लड़के की-सी बेवकूफी दिखाई है, जो चिड़िया का घोंसला पाकर खूब खुश होता है और फिर उसे अपने मित्र को दिखाता फिरता है। फिर एक दिन वह मित्र ही उसे चुराकर ले जाता है और वह हाथ मलता रह जाता है।

डॉन पैड्रो : क्या किसी मित्र पर विश्वास करना कोई दोष की बात है? लेकिन दोष तो धोखेबाज़ मित्र का है, न कि उसका जो उस पर विश्वास करता है।

बैनेडिक : ठीक है, यह भी मान लें कि यह कोई उसका दोष नहीं है, तो भी माला और डण्डा ठीक हैं। क्यों? शोक के रूप में माला तो उसके लिए, और डण्डा

आपके लिए, जिसने उस बेचारे का चिड़िया का घोंसला चुरा लिया।

डॉन पैड्रो : अपने लिए मैं हेरो को नहीं चाहता। मैं तो उसे यह सिखाकर कि किस तरह उसे क्लॉडिओ को खुश करना चाहिए, उसे क्लॉडिओ को ही दे दूँगा।

बैनेडिक : जैसा आप कह रहे हैं अगर उसी के अनुसार उसका व्यवहार क्लॉडिओ के साथ रहा, तो मैं समझूँगा कि आपने ईमानदारी से काम किया है।

डॉन पैड्रो : बिएट्रिस की तुम्हारे खिलाफ एक शिकायत है। नृत्य में उसका साथी उससे कह रहा था कि तुम उसके बारे में गलत बातें फैलाकर उसे बदनाम करते हो।

बैनेडिक : जो भी बुराई और बदनामी उसने मेरे ऊपर लादी है, सच कहता हूँ, उसे लकड़ी का एक मोटा लट्ठा भी आसानी से नहीं सम्हाल सकता। यहाँ तक कि सिर्फ एक पत्तीवाला सूखा 'ओक' का पेड़ भी इसके खिलाफ बगावत कर उठता, जबकि आदमी जिसमें भावनाएँ भी हैं उसका क्या कहना! उसकी बातों को सुनकर तो मेरा नकली चेहरा भी गुस्से से काँपने लगा और मैंने उसके तानों का डटकर जवाब दिया। मुझे अपने इस वेश में न पहचानकर उसने मुझसे कहा कि मैं राजकुमार का विदूषक हूँ और वह भी ऐसा विदूषक जिसका चेहरा हमेशा चिन्ता के कारण इतना काला पड़ा रहता है, जितने गरमी के ऋतु में आसमान में मड़राने वाले काले बादल भी नहीं होते। वह अपनी अद्भुत चतुराई से तेज़ी के साथ मेरे ऊपर आक्षेप पर आक्षेप लगाती रही, कि मैं इस तरह घबराया हुआ-सा चुपचाप खड़ा रह गया, जैसे मानो किसी एक व्यक्ति पर पूरी सेना हमला कर दे। उसके मुँह से निकले हुए शब्द कटारों की तरह थे, और प्रत्येक शब्द मानो हृदय को आर-पार चीर रहा था। अगर उसकी श्वासें भी आक्षेपों की तरह काली और विषैली होतीं, तो यह समझ लो, जिस दुनिया में वह रहती, कोई और दूसरा वहाँ नहीं रह पाता; वह उत्तरी ध्रुव तक अपने इस विषैले धुँए को छोड़ती और दूसरे व्यक्तियों के जीवन के लिए एक भय बन जाती। मैं उससे कभी शादी नहीं कर सकता चाहे उसे वह सब कुछ ऐश्वर्य क्यों न मिल जाए, जो आदम को अपने स्वर्ग-निर्वासन से पहले मिला था। अगर वह 'हरक्यूलीस' की पत्नी 'ओम्फेल' होती तो अपने पति से सारा रसोई का छोटे से छोटा काम कराती और उसके दण्ड को स्वयं उससे छीनकर ईंधन के काम लेती। छोड़ो, अब उसकी क्या बातें करें, रहने दो। सच पूछो तो जैसी वह बनी-ठनी रहती है, उन कपड़ों के नीचे वह ईर्ष्या और विद्वेष की देवी है। जब तक वह यहाँ है, तब तक इस पृथ्वी को उसने नरक बना रखा है, इसलिए मैं यही चाहता हूँ कि कोई ओझा आकर उसे वापस नरक को भेज दे। नहीं तो यह समझ लो कि उसके बिना नरक एक तरह का पवित्र स्थान बन जाएगा। लोग उस विद्वेष और कलह से बचने के लिए, जो वह इस दुनिया में पैदा करती रहती है, नरक की ओर भागा करेंगे और उसके लिए अपने

जीवन में कितने ही पाप करेंगे।

डॉन पैड्रो : वह देखो, श्रीमती जी स्वयं ही यहाँ आ रही हैं।

(क्लॉडिओ, बिएट्रिस, हेरो और लिओनेटो का पुनः प्रवेश)

बैनेडिक : अब आप मुझे किसी भी काम से, जो भी आप चाहें, दुनिया के छोर तक भेज दीजिए। बजाय यहाँ रहने के, मैं किसी छोटे से छोटे काम के लिए भी, भूमण्डल के दूसरी ओर जाने के लिए तैयार हूँ। आप मुझे भेज दीजिए, मैं एशिया के आखिरी कोने से आपको एक दाँत-कुरेदनी ले आऊँगा या कहें तो हिन्दुस्तान के या तातार या ऐबीसीनिया के कल्पित ईसाई बादशाह 'प्रैस्टर जॉन' के पैर का माप ले आऊँ या तातारों के बड़े ख़ान साहब की दाढ़ी का बाल भी ला सकता हूँ। यहाँ तक कि इस स्त्री के मुँह और पक्षियों के से पर और पैरोंवाली इस डायन से तीन शब्द भी बोलने की बजाय, मैं किसी भी काम के लिए बौनों के उस देश में भी जाने के लिए तैयार हूँ जिसका वर्णन 'होमर' ने किया है। क्या आपके पास कोई ऐसा काम नहीं है जिसके लिए आप मुझे भेज सकें?

डॉन पैड्रो : कोई नहीं, बस तुम्हारा तो यही काम है कि यहाँ रहकर हमारी तबियत खुश करते रहो।

बैनेडिक : नहीं-नहीं, भगवान् की शपथ खाकर कहता हूँ श्रीमान्! यहाँ ऐसी कोई बात है, जिसका मेरे हृदय से मेल नहीं है। मैं इस झगड़ालू औरत के सामने नहीं रह सकता।

डॉन पैड्रो : तो श्रीमती! जानती हो, तुमने बैनेडिक के हृदय को पूरी तरह खो दिया है!

बिएट्रिस : आप ठीक ही ऐसा कहते हैं। कुछ समय के लिए इन श्रीमान् ने मुझे अपना दिल दिया था। लेकिन मैंने ब्याज-सहित उसे इन्हें लौटा दिया, क्योंकि जो एक दिल इन्होंने मुझे दिया था, उसके बदले मैंने इन्हें दो दे दिए। लेकिन विश्वास करिए, इन्होंने झूठे बहाने करके ही उसे मुझसे लिया था, इसीलिए आप ठीक ही कहते हैं कि मैंने उसे खो दिया है।

डॉन पैड्रो : वाह! तुमने तो बातों की इस लड़ाई में इन्हें पूरी तरह नीचे पछाड़ दिया।

बिएट्रिस : हाँ, मैं वास्तव में यह नहीं चाहती कि ये कहीं मुझे नीचे पछाड़ दें, जिससे मैं किन्हीं बेवकूफ औलादों की माँ बनूँ। लेकिन आपकी इच्छा के अनुसार मैं श्रीमान् क्लॉडिओ को यहाँ ले आई हूँ।

डॉन पैड्रो : कहिए, श्रीमान् क्लॉडिओ! आप इतने दुःखी और चिन्तित क्यों दिखाई दे रहे हैं।

क्लॉडिओ : मैं कहाँ चिन्तित हूँ!

डॉन पैड्रो : तो फिर क्या तुम बीमार हो?

क्लॉडिओ : नहीं तो।

बिएट्रिस : काउण्ट क्लॉडिओ न दुःखी हैं न सुखी हैं, न ये बीमार हैं, न अच्छे हैं, और न 'सेविली' की नारंगी की तरह, जिसका रंग ही ईर्ष्या और विद्वेष का द्योतक है, मीठे या खट्टे हैं। इनके चेहरे के रंग-ढंग से यही मालूम होता है कि इनके हृदय में भी वही जलन है।

डॉन पैड्रो : सच श्रीमती! जो कुछ आप क्लॉडिओ के बारे में कह रही हैं, वह बिलकुल ठीक मालूम होता है। लेकिन यदि उसके अन्दर वास्तव में ही कोई जलन है तो जैसी भी वह कल्पना कर रहा है, वह सब झूठी और मूर्खता भरी हुई है। मैंने हेरो के पिता से वह बात खोल दी है और वह राज़ी भी हो गया है। अब तो तुम्हें शादी का दिन तय करना है, और बाकी सब भगवान् मदद करेंगे।

लिओनेटो : काउण्ट क्लॉडिओ! मैं अपनी लड़की और अपनी धन-सम्पत्ति आपको समर्पित करता हूँ, कृपया स्वीकार करें। श्रीमान् राजकुमार ने इस शादी का प्रबन्ध किया है और ईश्वर, जो सबका नियन्ता है, इसे पूरा करेगा।

बिएट्रिस : अब काउण्ट! आपके बोलने की बारी है।

क्लॉडिओ : कुछ न बोलना ही खुशी की सबसे बड़ी निशानी है। अगर अपनी इस खुशी को मैं किन्हीं शब्दों में व्यक्त कर सकता होता, तो फिर मेरी यह खुशी छोटी होती। श्रीमती! जितना मैं आपका हूँ उतनी ही आप मेरी हैं। आपके बदले में मैं अपने आपको देने के लिए तैयार हूँ, और जो कुछ भी इसके बदले में मिलेगा, उसे मैं बड़े चाव से स्वीकार कर लूँगा।

बिएट्रिस : हेरो! तुम भी तो कुछ बोलो और यदि तुम कुछ नहीं बोल सकती हो, तो फिर अच्छा यही है कि उसके मुँह को चूमकर उसे बोलने से बन्द कर दो।

डॉन पैड्रो : वाह, सच श्रीमती! आप तो बहुत खुशदिल हैं।

बिएट्रिस : जी हाँ राजकुमार! और मैं अपने इस दिल को बहुत धन्यवाद देती हूँ क्योंकि यह चिन्ताओं से तो हमेशा दूर रहता है और हर समय खुशी से ही अपने आपको भरता रहता है। वह देखो, हेरो अब क्लॉडिओ से कुछ कानाफूसी करती हुई, यही ज़ाहिर कर रही है कि वह उसके हृदय पर अधिकार पा चुका है।

क्लॉडिओ : सच बात है बहिन!

बिएट्रिस : हे भगवान्! यहाँ तो इस शादी से मेरा एक नया रिश्तेदार खड़ा हो गया। इसी तरह हरेक स्त्री अपना-अपना साथी पा जाती है, लेकिन दुर्भाग्य की मारी हुई मैं, बिना कोई अपना घर बसाए ही रह गई हूँ और गृहस्थ-जीवन के कोई भी सुख मैंने जीवन में न तो भोगे हैं, न भोगूँगी। अब तो मुझे अकेले कोने में हमेशा किसी पति के लिए रट लगाते हुए बैठना पड़ेगा।

डॉन पैड्रो : मैं तुम्हारे लिए कोई पति तलाश कर दूँगा, बिएट्रिस!

बिएट्रिस : लेकिन मैं तो उसे ही पति बना सकती हूँ, जिसे आपके पिता ने पैदा किया हो, यानी आपके समान ही आपका कोई भाई हो, वही मेरा पति हो सकता

है। अगर मुझ जैसी गरीब और सीधी-सादी लड़कियाँ, आपके भाइयों को मिल जाएँ, तो सच वे बहुत ही ज़ोरदार पति बन सकते हैं।

डॉन पैड्रो : लेकिन क्या श्रीमती मुझसे शादी करना पसन्द करेंगी?

बिएट्रिस : नहीं राजकुमार! यह तब तक मैं नहीं कर सकती, जब तक आप छुट्टियों को छोड़कर काम के दिनों के लिए मुझे कोई दूसरा पति दे दें, क्योंकि रोज़मर्रा के उपयोग के लिए तो आप बहुत कीमती हैं,। लेकिन मेरे इस तरह कहने के लिए मुझे माफ करना। लगता है मुझे बेकार की बातें बनाने की बहुत आदत पड़ गई है।

डॉन पैड्रो : लेकिन जब तुम चुप रहती हो, तो मुझे बुरा लगता है। असली तो तुम उसी समय लगती हो, जब इस तरह हँसी-मज़ाक करती हो, क्योंकि इसमें सन्देह नहीं, तुम्हारा जन्म-समय बड़ी खुशी का समय होगा।

बिएट्रिस : नहीं राजकुमार! मुझे पूरा विश्वास है कि जब मैं पैदा हुई थी तो मेरी माँ चिल्लाई थी। लेकिन नाचता हुआ एक तारा आकाश में चढ़ रहा था, उसी के नीचे मेरा जन्म हुआ था। भाइयो! ईश्वर करे आप सभी बहुत सुखी रहें।

लिओनटो : बेटी! क्या तुम कृपा करके उन चीज़ों का खयाल रखोगी, जिनके बारे में मैंने तुमसे कहा था?

बिएट्रिस : इसे भूल जाने के लिए चाचा जी! मुझे माफ करिए। राजकुमार! आप भी मुझे माफ कर दीजिए।

(बिएट्रिस चली जाती है।)

डॉन पैड्रो : बड़ी खुशदिल औरत है।

लिओनेटो : क्षोभ तो उसके स्वभाव में नाममात्र के लिए भी नहीं है। वह कभी उदास नहीं रहती, सिवाय उस समय के, जब वह सोई हुई हो। लेकिन उस समय भी वह बिलकुल उदास नहीं रहती। क्योंकि, मेरी पुत्री कह रही थी कि अक्सर वह एक दुःखी स्वप्न से हँसती हुई उठती है।

डॉन पैड्रो : वह अपने से यह कहा जाना बरदाश्त नहीं कर सकती कि वह शादी करेगी।

लिओनेटो : नहीं, वह अपने सभी प्रेमियों में एक साथ अपनी बातों से घबराहट पैदा कर देती है, और फिर उनका मज़ाक बनाकर वह उन्हें निकाल देती है।

डॉन पैड्रो : बैनेडिक के लिए वह एक अच्छी पत्नी बन सकती है।

लिओनेटो : हे भगवान्! अपनी शादी के एक हफ्ते के बीच ही वे इस तरह बातें करके पागल ही हो जाएँगे।

डॉन पैड्रो : क्लॉडिओ! तुम कब अपनी शादी करना चाहते हो?

क्लॉडिओ : कल ही मेरे स्वामी! जानते हैं जब तक शादी की सारी बातें पूरी नहीं हो जातीं, तब तक का वक्त प्रेमियों के लिए बड़ा नाजुक होता है।

लिओनेटो : नहीं बेटा! सोमवार से पहले, जिसके आने में अभी सात दिन बाकी हैं, तुम्हारी शादी किसी भी तरह नहीं हो सकती, क्योंकि मुझे अपने सन्तोष के अनुकूल तैयारी करने के लिए यह बहुत ही थोड़ा समय है।

डॉन पैड्रो : क्यों, इस देरी की बात सुनकर तो तुम्हारा चेहरा उतरा हुआ मालूम होता है? विश्वास रखो क्लॉडिओ! इस एक हफ़्ते के बीच में, हम किसी तरह बात को नीचे नहीं गिरने देंगे। मैं एक दूसरा ज़बरदस्त काम अपने हाथ में और लूँगा, और वह है बैनेडिक और बिएट्रिस को एक-दूसरे के साथ प्यार के बन्धनों में बाँधना। मैं चाहता हूँ कि उनकी भी आपस में शादी करवा दूँ और यह जान लो कि मुझे सफलता मिलने में कोई आशंका नहीं है। अगर जैसा मैं कहूँ वैसे तुम तीनों ने मेरी मदद की, तो देखना यह बाज़ी भी मैं जीत जाऊँगा।

लिओनेटो : मेरे स्वामी! यद्यपि दस रातों तक मुझे लगातार जगना है और देखभाल करनी है, लेकिन फिर भी मैं आपकी सेवा में कुछ भी करने के लिए तत्पर हूँ।

क्लॉडिओ : मैं भी तैयार हूँ राजकुमार!

डॉन पैड्रो : और सुशील हेरो! क्या तुम भी इसके लिए तैयार हो?

हेरो : अवश्य, अपनी बहिन के लिए एक अच्छा पति पाने को मैं अपनी सीमाओं के अन्दर जो कुछ भी कर सकती हूँ, करूँगी।

डॉन पैड्रो : मैं जानता हूँ कि बैनेडिक किसी भी तरह बुरा पति नहीं है। कुछ भी हो, वह अच्छे कुल का है और उसकी बहादुरी और सम्मान के बारे में कोई भी कुछ शक नहीं कर सकता। मैं तुम्हें बताऊँगा कि किस तरह तुम्हें बिएट्रिस की भावनाओं को अपने वश में करना चाहिए, जिससे वह बैनेडिक से प्रेम करने लग जाए। फिर तुम दोनों की मदद से मैं, इस तरह का ताना-बना पूरूँगा, कि बैनेडिक अपनी कितनी ही बातूनी और उपेक्षापूर्ण आदत रखते हुए भी, बिएट्रिस से प्रेम करने लग जाएगा। अगर हम यह काम कर सकें, तो समझ लो, कामदेव के भी प्रेम का देवता बने रहने और पुष्पबाण छोड़ने के गौरव को हम अपने लिए लूट लेंगे। तब कम से कम इस जगह तो, केवल हम ही प्रेम के एकमात्र देवता माने जाएँगे। आओ, मेरे साथ चलो और फिर मैं तुम्हें बताऊँगा कि मेरी क्या योजना है।

(जाते हैं।)

दृश्य 2

(वही। डॉन जौन और बोरेकिओ का प्रवेश)

डॉन जौन : अब यह तो तय हो ही गया कि काउण्ट क्लॉडिओ लिओनेटो की पुत्री से शादी करेंगे।

बोरेकिओ : बिलकुल, लेकिन मैं इस शादी को रोक भी सकता हूँ।

डॉन जौन : मैं तो क्लॉडिओ के प्रति घृणा से अन्दर ही अन्दर जल रहा हूँ। कोई भी चीज़ तो उसके मार्ग में बाधा डालेगी या उसके मन्तव्य को पूरा नहीं करने देगी, वह मेरे जलते हृदय के लिए एक मरहम के समान होगी। जो कोई भी उपाय उसके इस प्रेम को तोड़ सकेगा, वह मेरे लिए बहुत ही अच्छा होगा। पर हाँ, यह बताओ कि तुम इस शादी को कैसे रोक सकते हो?

बोरेकिओ : मैं इसे खुले रूप में ईमानदारी से नहीं कर सकता, मेरे स्वामी! पर हाँ, इस तरह छिपी हुई चालों से मैं यह काम कर सकता हूँ कि किसी को लेशमात्र भी सन्देह नहीं हो सकता।

डॉन जौन : थोड़े में ही मुझसे कहो कि तुम यह कैसे करोगे?

बोरेकिओ : मुझे ख़याल है कि मैंने आपसे करीब एक साल पहले कहा था कि हेरो की परिचारिका मागरिट का मैं बहुत बड़ा विश्वासपात्र हूँ।

डॉन जौन : हाँ, हाँ याद है।

बोरेकिओ : तो मैं ऐसा तय कर सकता हूँ कि रात को किसी भी समय, जब के लिए भी मैं कहूँ, अपनी स्वामिनी के कमरे की खिड़की से बाहर झाँके।

डॉन जौन : पर इससे यह शादी कैसे रुक सकती है?

बोरेकिओ : अब यह आपके ऊपर है कि इस घटना का इस तरह का लाभ उठाएँ कि कोई न कोई बुराई इससे पैदा हो। ऐसा करो, राजकुमार के पास जाओ और उससे कहना कि इस बदमाश वेश्या जैसी हेरो के साथ काउण्ट क्लॉडिओ की, जिसको राजकुमार स्वयं बहुत आदर की दृष्टि से देखते हैं, शादी करना अपने अच्छे नाम पर कालिख पोतने से कम नहीं होगा।

डॉन जौन : लेकिन इस तरह के दोषारोपण के लिए मैं सबूत क्या दे पाऊँगा?

बोरेकिओ : सबूत? बहुत सबूत हैं तुम्हारे पास, जिनके बल पर तुम राजकुमार को इस तरह बहका सकते हो कि वह स्वयं क्लॉडिओ को कुचलने के लिए तैयार हो जाए, और इधर हेरो की बर्बादी तथा उसके पिता लिओनेटो की मृत्यु का कारण बन जाए। इससे अधिक तुम और क्या चाहते हो?

डॉन जौन : अवश्य, मैं उनके खिलाफ षड्यन्त्र रचने के लिए जो कुछ भी कर सकता हूँ करूँगा।

बोरेकिओ : बहुत अच्छा, तो सुनो, क्लॉडिओ और पैड्रो से एकान्त में मिलने के लिए कोई ठीक-सा वक्त निकाल लो, फिर उनसे कहो कि हेरो मुझे प्यार करती है। इससे तुम राजकुमार और क्लॉडिओ के दिलों में एक घबराहट और आवेश पैदा कर दो और तनिक अपने भाई की डूबती इज़्ज़त के लिए अपना आवेश दिखलाकर, और साथ में उसके दोस्त क्लॉडिओ की इज़्ज़त के लिए भी, जो इस लड़की के प्रेम और सारे व्यवहार को एक छल-कपट और धोखा समझेगा, अपनी पूरी उत्सुकता

और आवेश दिखला दो। उनसे कहना कि सिर्फ इन्हीं कारणों से तुमने इस सारे रहस्य को खोला है। यह सुनकर वे तुम पर एक साथ विश्वास नहीं करेंगे, कहेंगे तुम्हारे पास इसके लिए क्या सबूत है, तो फिर तुम इस घटना को सामने रखकर, उनको सबूत देना शुरू करना, जिससे तुम्हारी बात पूरी तरह प्रमाणित हो जाए। क्या? वह यह कि वे मुझे उसे शयनागार की खिड़की से पुकारते हुए सुनेंगे—मार्गरेट, हेरो और उधर से मार्गरेट मुझे क्लॉडिओ कहकर पुकारेगी। शादी होने से पहले वाली रात को ही उन्हें यह दृश्य दिखाने के लिए ले आना। इसी बीच में मैं हेरो को रास्ते से दूर हटाने की पूरी योजना बना लेता हूँ। ये चीज़ें ऐसी सच्ची लगेंगी कि राजकुमार और क्लॉडिओ के सन्देह उनके विश्वासों में परिणत हो जाएँगे और इस तरह शादी की सारी बात यों की यों रखी रह जाएँगी।

डॉन जौन : ठीक है, इस षड्यन्त्र का कोई भी परिणाम हो, लेकिन मैं आखिर तक इससे अपना पैर पीछे नहीं हटाऊँगा। अगर तुम सफलतापूर्वक यह सारा काम कर गए तो बोरेकिओ! मैं तुम्हें एक हज़ार ड्यूकेट इनाम दे दूँगा।

बोरेकिओ : मेरी यह चाल किसी तरह गिर नहीं सकती, यदि तुम बराबर हेरो पर दोषारोपण लगाने में जमे रहे तो!

डॉन जौन : अच्छा तो मैं अभी जाता हूँ और यह मालूम करता हूँ कि उनकी शादी का दिन कौन-सा है।

(जाते हैं।)

दृश्य 3

(लिओनेटो का बाग। बैनेडिक का प्रवेश)

बैनेडिक : लड़के!

(लड़के का प्रवेश)

लड़का : जी साहब!

बैनेडिक : देखो, मेरे कमरे की खिड़की के भीतरवाले हिस्से में मैं एक किताब छोड़ आया हूँ, उसे यहाँ ले आओ।

लड़का : जो आज्ञा, बस अभी लाता हूँ।

बैनेडिक : अरे अभी तुम यहीं हो, जब कि मैं चाहता हूँ कि तुम फौरन किताब के लिए चले जाओ और वापस आ जाओ।

(लड़का जाता है।)

मुझे आश्चर्य होता है कि जो आदमी प्रेम में पड़े हुए लोगों की बेवकूफ़ी देखकर उनका खूब मज़ाक उड़ाता था, वह स्वयं इसी प्रेम का शिकार बनकर अपने आपको उपहास और विक्षोभ का विषय बना रहा है और ऐसा आदमी क्लॉडिओ है! एक

वक्त था जब उसके दिल और दिमाग में हरदम युद्ध-सम्बन्धी विचार घूमा करते थे और अब इस प्रेम ने उसे इससे भी अधिक अपनी तरफ खींच रखा है! वह भी वक्त था जब वह कोई अच्छा कवच आदि देखने के लिए दस-दस मील तक पैदल चला जाता था, लेकिन अब क्या है! अब तो वह अपना नया 'डबलैट' बनवाने के लिए लगातार दस रातें बिना सोए हुए बिताएगा। अब तो वह विद्वानों जैसी बहुत ही मुश्किल बोली बोलता है, जिसमें व्याकरण के बहुत ही जटिल प्रयोग आते हैं। क्या कहें? जबकि पहले वह एक सच्चे सिपाही की तरह सीधी और साफ बातें करता था! लेकिन अब तो न जाने कैसी अजीब बेहूदी बातें करने लगा है, जिसे सुनकर हँसी आ जाती है। क्या मैं कभी इतना बदल सकता हूँ कि बातचीतों में इस तरह की बोली बोलने लग जाऊँ? मैं नहीं जानता, लेकिन यह असम्भव ही लगता है। मैं दृढ़तापूर्वक शपथ लेकर तो यह नहीं कहता कि यह प्रेम मुझे सीप या घौंघे की तरह कभी नहीं बदल सकता या मछली या जानवर मुझे नहीं बना सकता लेकिन यह मैं दावे के साथ कहता हूँ कि ऐसा बनाकर ही यह मुझे बेवकूफ बना सकता है, उससे पहले नहीं। मुझ पर इस चीज़ का कोई असर नहीं है कि कोई औरत बहुत खूबसूरत है या अक्लमन्द है या चतुर है। मैं मर जाऊँगा लेकिन ऐसी किसी औरत से कभी शादी नहीं करूँगा, जब तक मुझे कोई ऐसी न मिल जाए जिसमें ये सभी असाधारण गुण हों। क्या? एक तो वह मालदार होनी चाहिए और दूसरे अक्लमन्द, नहीं तो मैं उससे प्रेम नहीं कर सकता। वह सुशील और अच्छे चरित्र की होनी चाहिए, नहीं तो मैं उसके बारे में कभी सोचूँगा तक नहीं। फिर वह खूबसूरत होनी चाहिए, नहीं तो मैं उसकी तरफ देखूँगा भी नहीं और न उसकी कोई परवाह करूँगा। वह स्वभाव की विनम्र होनी चाहिए, नहीं तो मैं उसे अपने पास तक नहीं फटकने दूँगा। वह शरीफ होनी चाहिए, नहीं तो चाहे वह कोई फरिश्ता बनकर ही क्यों न आए, मैं उसे अपने दिल में कोई जगह नहीं दे सकता। बातचीतों में चतुर और बहुत ही आला दर्जे की संगीतकार होनी चाहिए वह। फिर बालों का रंग? खैर जब तक उनमें कोई बनावटी रंग न लगाया जाए तब तक वे किसी भी रंग के हों कोई परवाह नहीं।

वह लो, राजकुमार और काउण्ट क्लॉडिओ आ रहे हैं। मैं इस ग्रीष्मऋतु-योग्य घर में छिप जाऊँ।

(छिप जाता है।)

(डॉन पैड्रो, क्लॉडिओ और लिओनेटो का प्रवेश)

डॉन पैड्रो : लो, आओ यह गाना सुनें।

क्लॉडिओ : बहुत अच्छा स्वामी! शाम कितनी शान्त है! ऐसा मालूम होता है कि

गाने के प्रभाव को अधिक करने के लिए यह सब शोरगुल मानो दब गया है।

डॉन पैड्रो : क्या तुम जानते हो कि बैनेडिक कहाँ छिपा हुआ है?

क्लॉडिओ : हाँ, हाँ, मैं उसे साफ-साफ देख सकता हूँ। जब यह गाना खत्म हो जाएगा, तब हम उस पर वही अपनी चाल खेलेंगे और उसको मज़ा बताएँगे।

(बाल्थैसर का गाते हुए प्रवेश)

डॉन पैड्रो : बाल्थैसर, आओ हमें वही गाना एक बार और सुनाओ।

बाल्थैसर : मेरे अच्छे स्वामी! मेरी इस गरीब आवाज़ पर उसी गाने को फिर से क़त्ल करने का बोझ मत डालिए।

डॉन पैड्रो : वाह, अच्छे की पहचान यही होती है कि वह अपनी अच्छाई के बारे में अपरिचित रहता है। कृपया एक बार फिर गा दो और मुझे प्रार्थना करने के लिए बाध्य न करो।

बाल्थैसर : ख़ैर, चूँकि आप मुझ नाचीज़ से इस तरह प्रार्थना कर रहे हैं, जैसे बहुत-से प्रेमी अपनी उन प्रेमिकाओं से बराबर प्रार्थना करते हैं, जिन्हें वे इतने प्रेम के योग्य नहीं समझते। इसीलिए जब आपने मुझसे गाने के लिए कहा है, तो मैं अवश्य आपकी इच्छा पूरी करूँगा!

डॉन पैड्रो : अच्छा अब गाना शुरू होना चाहिए और अब यदि तुम्हें बहस ही करनी है तो गाते-गाते ही करो।

बाल्थैसर : मेरे गाने को सुनने से पहले एक बात मैं आपको बता देना चाहता हूँ कि वास्तव में मेरे गाने के स्वरों (Note)[1] में आपके लायक कोई ऐसी अच्छी बात नहीं है जिस पर आपका ध्यान खिंचे।

डॉन पैड्रो : देख रहे हो? यह आदमी अभी वैसे ही 'स्वर' शब्द पर बातें बना रहा है और बिलकुल संगीतशास्त्र में प्रयोग होने वाले शब्दों को बोल रहा है।

बैनेडिक : अब इस दैवी संगीत से उसकी आत्मा आनन्द से विभोर होकर नाचने लग गई है। कैसी आश्चर्य की बात है कि भेड़ की आँतों के बने इन तारों से इस तरह की मधुर ध्वनि निकलती है कि उसे सुनकर मानो हृदय बाहर निकलने लगता है। यह कैसे होता है? लेकिन मुझसे अपने बारे में पूछो तो मुझे आखिर वही शृंगी की ही आवाज़ अच्छी लगती है।

---

1. बाल्थैसर ने नोट (Note) शब्द को दो अलग-अलग अर्थों में प्रयोग किया है और यही वाक्पटुता बहुत जगह नाटक में पात्रों के मुँह से सुनाई देती है। उसके लिए हिन्दी में वैसा ही उपयुक्त शब्द न होने के कारण हम शेक्सपियर की भाषा का वही चातुर्य अनुवाद में दिखाने में असमर्थ हैं। बोल रहा है।

—गीत—

बाल्थैसर :

वेदना के मत छोड़ो श्वास,
अरे नारी जीवन दुखपूर्ण
न छोड़ो तुम ऐसे उच्छ्वास!

पुरुष हैं सदा प्रतारक छली,
नहीं स्थिर मति वे होते बली,
एक पग सिंधु, एक पग धरा—
सतत गति का ही छल है भरा,
वेदना के मत छोड़ो श्वास!
स्वस्थ सुन्दरता को दे स्नेह
बनो तुम ही उसका अधिवास!

बदल दो अब पीड़ा का गान—
मस्त होकर छेड़ो कल तान,
न दुख से बोझल स्वर वह झरे,
पुरुष की झूठ कहाँ तक छिपे,
वेदना के मत छोड़ो श्वास,
प्रकृति की प्रथम कली जब खिली,
पुरुष था ऐसा ही चल-लास!

डॉन पैड्रो : वाह, सच यह तो बड़ा अच्छा गाना रहा।

बाल्थैसर : लेकिन जिसने गाया है वह निश्चय ही बुरा गायक है।

डॉन पैड्रो : ओह, कोई बात नहीं, जब तुमसे अच्छा हमें मिल ही नहीं सकता, तो तुम्हीं काफी अच्छे हो।

बैनेडिक : अगर एक कुत्ता भी इस तरह भौंकता तो उसे फाँसी पर लटका दिया जाता। मैं आशा करता हूँ कि उसकी इस बेसुरी आवाज़ ने, इस तरह की कोई खराबी पैदा नहीं की, जैसे कुत्तों का भौंकना रात को करता है। लेकिन मैं तो इससे अच्छा कौओं का संगीत सुनता, चाहे उससे कोई भी अपशकुन होता या मेरे ऊपर कुछ भी आफ़त आकर टूटती।

डॉन पैड्रो : ठीक है! सुन रहे हो बाल्थैसर इनकी बातों को! कृपया कोई अच्छे गाने का इन्तज़ाम करिए, क्योंकि कल रात को हम हेरो को यह संगीत सुनवाना चाहते हैं।

बाल्थैसर : अवश्य, मेरे स्वामी। मैं अच्छे से अच्छे गाने का इन्तज़ाम करूँगा।

डॉन पैड्रो : हाँ, हाँ, कृपया ऐसा ही कीजिए। अच्छा अब अलविदा!

(बाल्थैसर चला जाता है।)

लिओनेटो! क्या कह रहे थे तुम अपनी भतीजी बिएट्रिस के बारे में, कि वह बैनेडिक से प्रेम करने लगी है?

क्लॉडिओ : यह बात आई। चलते चलो। जैसे शिकारी अपने बाँस के टट्टे में छिपा हुआ बैठकर शिकार करता है उसी तरह बैनेडिक यह सब कुछ छिपकर सुन रहा है।

लेकिन मैंने तो कभी सोचा तक नहीं था कि वह किसी आदमी से प्रेम भी करेगी।

लिओनेटो : मैंने कभी न सोचा था। और सबसे अधिक आश्चर्य की बात तो यह है कि जिस बैनेडिक की तरफ नफरत से वह मुड़कर भी नहीं देखती थी वही आज उसका प्रेमी हो गया है।

बैनेडिक : सच? क्या यह सच है? क्या स्थिति इसी तरह है?

लिओनेटो : मेरे स्वामी! मेरी तो कुछ समझ में नहीं आता, पर मैं तो अब यही देखता हूँ कि वह उससे इतना अधिक प्रेम करने लगी है कि उसकी हम कल्पना तक नहीं कर सकते।

डॉन पैड्रो : लेकिन यह भी तो हो सकता है कि वह यह सब कुछ प्रेम का एक बहाना-सा कर रही हो।

क्लॉडिओ : हाँ, हाँ, यह भी सम्भव है।

लिओनेटो : हे भगवान्! मैंने तो बनावटी प्रेम-व्यवहार कभी इस तरह का नहीं देखा, जो कि बिलकुल सच्चे की तरह लगे।

डॉन पैड्रो : हाँ, तो यह बताओ कि इस प्रेम के लक्षण क्या तुम बिएट्रिस में पाते हो?

क्लॉडिओ : *(स्वगत)* चाहे बिएट्रिस के प्रेम के प्रभाव का कितना भी ऊँचे से ऊँचा वर्णन करो पर बैनेडिक इस सबको पी जाएगा।

लिओनेटो : कैसा प्रभाव श्रीमान्! मेरी पुत्री ने तो आपसे कह ही दिया है कि कैसे वह हर समय गम्भीरता से सोचती हुई बैठी रहती है।

क्लॉडिओ : हाँ, वह तो कह दिया है।

डॉन पैड्रो : कृपया मुझे बताइए न। मुझे तो इस सब पर बड़ा आश्चर्य हो रहा है, क्योंकि मैं तो यही सुना करता था कि प्रेम के लिए तो उसका कलेजा इतना कठोर है कि वह उसमें प्रवेश पा ही नहीं सकता!

लिओनेटो : हाँ, ठीक है, मैं शपथ खाकर इस बात को कह सकता था और खास तौर से बैनेडिक के तो वह बहुत ही खिलाफ थी।

बैनेडिक : *(स्वगत)* चूँकि यह बुड्ढा और प्रतिष्ठित व्यक्ति इस बात को कह रहा

है, इसीलिए नहीं तो, अगर कोई दूसरा कहता तो मैं इसे सफेद झूठ और कोई चाल ही समझता। लेकिन इस तरह का सज्जन और प्रतिष्ठित आदमी कभी भी ऐसी दुष्टता का अपराधी नहीं ठहराया जा सकता।

क्लॉडिओ : भोजन की तरह बातों को निगलता चला जा रहा है। चलने दो इसे।

डॉन पैड्रो : क्या उसने बैनेडिक के प्रति अपने प्रेम को सबके सामने स्वीकार कर लिया है?

लिओनेटो : नहीं, वह कहती है कि यह तो वह मरते दम तक नहीं करेगी। यही तो उसके दुःख को इतना बढ़ा रहा है।

क्लॉडिओ : यह ठीक है, क्योंकि तुम्हारी पुत्री कहती है कि जिस बैनेडिक की वह हमेशा हँसी उड़ाया करती थी और जिसको नफरत की नज़र से देखती थी, उसी के साथ अपने प्रेम को दूसरों के सामने स्वीकार करना उसके लिए तो असम्भव है।

लिओनेटो : वह इस तरह कहती भी है, लेकिन प्रायः वह उसे पत्र ही लिखती है। रात को करीब बीस बार वह उठती है और अपने कपड़े पहनकर लिखने लगती है, तो पूरा पन्ना भर डालती है। हेरो यह सब हमें बता रही थी।

क्लॉडिओ : एक पन्ने की बात करते हुए तुम्हारी पुत्री ने तो इसके बारे में एक बड़ी दिलचस्प बात कही है।

लिओनेटो : ओह, मैं जानता हूँ, उसने यही कहा था कि उस पूरे पन्ने पर सिर्फ बैनेडिक और बिएट्रिस के नाम ही लिखे हुए थे।

क्लॉडिओ : हाँ, यही।

लिओनेटो : उसने फिर अपने उस पत्र के हज़ार टुकड़े करके फाड़ डाला और वह अपने आपको इसके लिए धिक्कारने लगी कि वह उस आदमी को पत्र लिखे, जो अवश्य ही उसका मज़ाक बनाए बिना नहीं रहेगा। वह तो उसे अपनी ही तरह का सोचती है और कहती है कि चाहे वह कितना भी उससे प्रेम करती है, लेकिन अगर वह उसे कोई पत्र लिखेगा तो वह अवश्य ही उसका मज़ाक उड़ाएगी।

क्लॉडिओ : फिर वह अपने घुटनों पर गिरती है, रोती है, सिसकती है और अपनी छाती पीटती है। फिर अपने बाल नोंचकर कभी प्रार्थना करती है और कभी अपने आपको गाली देती हुई कहती है—''ओ मेरे प्यारे बैनेडिक!'' और तब भगवान् से प्रार्थना करती है कि वह उसके हृदय को धैर्य प्रदान करे।

लिओनेटो : हेरो तो बैनेडिक के बारे में यही कहती है। वह कहती है कि बिएट्रिस इस तरह आवेश में है, कि डर है, वह अपने आपको कोई बड़ा नुकसान न पहुँचा ले!

डॉन पैड्रो : लेकिन अगर वह स्वयं नहीं कह सकती, तो किसी दूसरे को यह बात

बैनेडिक के कानों तक पहुँचा देनी चाहिए।

क्लॉडिओ : फायदा क्या होगा? इससे वह उस बेचारी बिएट्रिस का मज़ाक बनाकर उसको और भी परेशान करेगा।

डॉन पैड्रो : नहीं, नहीं, अगर वह ऐसा करता है तो सचमुच वह फाँसी पर लटकाने लायक है। बिएट्रिस कितनी अच्छी और शरीफ लड़की है।

क्लॉडिओ : बड़ी अक्लमन्द भी है।

डॉन पैड्रो : हाँ, सिर्फ बैनेडिक के लिए, जो उसका प्रेम है, उसे छोड़कर हर एक बात में।

लिओनेटो : हमारे पास एक के पीछे दस सबूत हैं कि ऐसी जवान स्त्री में जो तर्कबुद्धि और भावावेश के बीच संघर्ष चलता है, उसमें भावावेश ही विजयी रहता है। मुझे उसके लिए बहुत अफसोस है और यह ठीक भी है, क्योंकि मैं एक तो उसका चाचा हूँ और दूसरे उसका वारिस हूँ।

डॉन पैड्रो : काश, मेरे प्रति भी उसका इतना प्रेम होता, तो मैं और सब विचारों को छोड़कर, उसे अपनी पत्नी बना लेता। मेरी प्रार्थना है कि बैनेडिक से यह कहकर तो देखो! और फिर बताओ वह क्या कहता है।

लिओनेटो : क्या हम ऐसा करें?

क्लॉडिओ : हेरो को डर है कि कहीं बिएट्रिस मर न जाए। क्योंकि अगर बैनडिक ने उसके प्यार के बदले में अपना प्यार नहीं दिया, तो यह निश्चित है कि वह मर जाएगी और जहाँ तक दूसरों के सामने इस प्रेम को स्वीकार करने का प्रश्न है, उसके लिए भी वह कम से कम इस जीवन में तो तैयार है ही नहीं। दूसरी तरफ अगर वह उससे प्रेम करने भी लगे, तो फिर वह उसके प्रति अपनी स्वाभाविक उपेक्षा भरी हुई दृष्टि को भी कम न करेगी।

डॉन पैड्रो : उसने बड़ी अक्लमन्दी का काम किया है। उस आदमी को तो तुम जानते ही हो, पूरा मज़ाकिया है। अगर बिएट्रिस ने स्वयं ही प्रेम करने के लिए उसकी तरफ पैर बढ़ाया, तो हो सकता है वह बड़ी उपेक्षापूर्ण दृष्टि से उसके साथ व्यवहार करे।

क्लॉडिओ : लेकिन फिर भी बड़ा खूबसूरत आदमी है बैनेडिक।

डॉन पैड्रो : हाँ काफी अच्छा दिखता है बाहर से।

क्लॉडिओ : भगवान् की कसम, वह तो अक्लमन्द भी है।

डॉन पैड्रो : हाँ, हाँ, बेशक कभी-कभी एक-दो बातें करके वह यह झलका देता है कि वह बहुत ही अक्लमन्द है।

लिओनेटो : मेरा ख़याल है कि वह बहादुर भी है।

डॉन पैड्रो : बिलकुल ट्रोजन युद्ध के वीर हैक्टर के समान ही बहादुर है। यह तो तुम देख ही सकते हो कि झगड़ों को ठीक करने में तो, वह बहुत ही होशियार

है। क्योंकि या तो वह बड़ी ही दूरदर्शिता से उन्हें अपने पर से टाल जाता है या एक सच्चे ईसाई की तरह डरते-डरते उनमें अपना पैर बढ़ाता है।

लिओनेटो : अगर सचमुच वह भगवान् से डरनेवाला है, तो फिर उसे लड़ाई-झगड़ों से दूर ही रहना चाहिए या काँपते-काँपते सच्चे ईसाई की तरह उन्हें अपने सिर पर लेना चाहिए।

डॉन पैड्रो : वह ऐसा ही करेगा क्योंकि वह आदमी भगवान् से डरनेवाला है। यद्यपि उसके ऐसे मज़ाकों को सुनकर शिष्टाचार से बाहर तक चले जाते हैं, वह ऐसा आदमी दीखता नहीं है। मुझे तुम्हारी भतीजी के लिए बड़ा अफसोस है। क्या हम जाकर बैनेडिक से उसके प्रेम की बात कह दें?

क्लॉडिओ : नहीं, उससे मत कहना। अच्छा यही है कि वह धीरे-धीरे अक्लमन्दी से अपने इस भावावेश को ठीक कर लेगी।

लिओनेटो : नहीं, यह तो असम्भव बात है। अपने प्रेम से इस तरह का संघर्ष छेड़ने की बजाय, तो वह अपना हृदय तोड़ लेगी यानी जीवित रहती हुई यह कभी नहीं कर सकेगी।

डॉन पैड्रो : अच्छा तो इस मामले को कुछ देर तक यों ही पड़ा रहने दो। इस बीच कुछ और बातों का पता हमें हेरो से चलेगा। मुझे तो बैनेडिक बहुत अच्छा लगता है। मैं चाहता हूँ कि वह अपने बारे में कुछ गम्भीरता से विचार करे, यह महसूस करे कि ऐसी अच्छी गुणशील स्त्री के लिए वह कितना अयोग्य है।

लिओनेटो : खाना तैयार है श्रीमान्! क्या हमें चलना चाहिए?

क्लॉडिओ : अगर जो भी बैनेडिक ने हम लोगों से सुना है, उसके फलस्वरूप बिएट्रिस पर से अपना ध्यान हटा लिया, तो फिर मुझे तो और किसी बात की आशा नहीं है।

डॉन पैड्रो : तो फिर और उसकी परिचारिका को बिएट्रिस के ऊपर अब वही चाल चलनी चाहिए। सबसे बड़ा मज़ाक तो तब रहेगा जब दोनों में से हर एक, तो यह सोचे कि एक दूसरे के लिए प्रेम में मर रहा है और वास्तव में है कुछ भी नहीं। दो आदमियों के बीच इस तरह के नाटक को, जिसमें दोनों की ज़बान तो बन्द हो, और दोनों ही बहुत परेशान दिखाई दें, मैं देखने का बहुत इच्छुक हूँ। तो ऐसा करें कि बिएट्रिस को बैनेडिक के पास दावत का निमन्त्रण देने भेज दें।

(डॉन पैड्रो, क्लॉडिओ और लिओनेटो का प्रस्थान)

बैनेडिक : *(आगे आते हुए)* यह कभी भी कोई चाल नहीं हो सकती। वे काफी गम्भीरता से बातें कर रहे हैं। हेरो से उन्होंने सब सच्ची बात मालूम कर ली है। बिएट्रिस के लिए उन्हें बहुत अफसोस है। मालूम यही होता है कि उसका प्रेम अपने पूरे आवेश में है। मुझे इसका बदला देना चाहिए। मैंने यह भी सुन लिया है कि किस तरह

के विचार वे मेरे प्रति रखते हैं। उन्होंने कहा था कि अगर बिएट्रिस मुझसे प्रेम करने के लिए आगे बढ़ेगी तो मैं गर्व से उसका मज़ाक बनाऊँगा। वे यह भी कह रहे थे कि वह मरना अधिक पसन्द करेगी, बजाय इसके कि अपने प्रेम को किसी उपाय से प्रगट होने दे। मेरे दिमाग में तो शादी का ख़याल कभी आया ही नहीं है, लेकिन फिर मुझे अधिक घमण्ड भी नहीं दिखाना चाहिए। वही आदमी भाग्यशाली होते हैं, जो अपनी निन्दा करने वालों से अपने दोषों के बारे में सुन लेते हैं, और फिर उन्हें सुधारने की क्षमता रखते हैं। वे कहते थे कि वह स्त्री बहुत खूबसूरत है! यह बात तो ठीक है। मैं उनसे पूरी तरह सहमत हूँ। वह यह भी कह रहे थे कि वह गुणशील है। इसको भी मैं अस्वीकार नहीं कर सकता। वे कहते थे कि वह मुझसे प्रेम करने के सिवाय, बाकी सबमें बड़ी चतुर है। बात तो यही है कि मेरे प्रति जो उसका प्रेम है, उससे उसकी अक्लमन्दी बढ़ तो नहीं जाती है, लेकिन ख़ैर यह उसकी मूर्खता की भी निशानी नहीं है। क्योंकि उसके प्रेम के बदले में मैं उससे पूरी तन्मयता के साथ प्रेम करने लगूँगा। हो सकता है वे लोग इस बात का मज़ाक उड़ाएँ और मेरे ऊपर तरह-तरह के ताने कसें कि मैं तो पहले शादी के खयाल पर हँसा करता था, परन्तु यह सब उनका मज़ाक मुझ पर जम नहीं सकता, वह सब बेकार रहेगा। क्या बात है! समय के साथ किसी की धारणाएँ बदल भी तो सकती हैं? एक आदमी जो अपनी जवानी में गोश्त खाने का बहुत शौकीन रहा हो, बुढ़ापे में आकर उसकी वह आदत बदल भी सकती है, इसलिए ये सब तानेबाज़ी और मज़ाक कितना भी हो, पर आदमी को अपनी धारणा कभी नहीं छोड़नी चाहिए, क्योंकि बातों के ये तीर तो बिलकुल ऐसे होते हैं, जैसे कागज़ की गोलियाँ! जिनके मारने से कोई भी नुकसान नहीं पहुँच सकता। सोचने के लिए दुनिया के सब लोग हैं। जब मैंने यह कहा था कि मैं हमेशा कुँवारा ही रहूँगा उस समय मैंने यह सोचा भी नहीं था कि एक दिन मैं स्वयं शादी करूँगा।

वह बिएट्रिस आ रही है। सच, बड़ी खूबसूरत है और मैं तो उसकी चाल-ढाल में अब प्यार के कुछ चिह्न भी देख रहा हूँ।

(बिएट्रिस का प्रवेश)

बिएट्रिस : मुझे अपनी इच्छा के विरुद्ध तुम्हारे पास दावत का निमन्त्रण देने भेजा गया है।

बैनेडिक : सुन्दर देवी! मैं इस कष्ट के लिए आपको धन्यवाद देता हूँ।

बिएट्रिस : जितना इन धन्यवादों के देने से तुम्हें कष्ट हो सकता है, उससे अधिक तो कष्ट मुझे नहीं हुआ है। वास्तव में, यदि इस काम में मुझे कुछ कष्ट उठाने की आवश्यकता होती तो मैं कभी भी नहीं आती।

बैनेडिक : तो फिर आपको खबर ले जाने में मज़ा आता है?

बिएट्रिस : हाँ, उतना ही मज़ा आता है, जितना चाकू की धार को एक कौए की

गरदन काटने में आता है। लेकिन मेरा खयाल है कि तुम्हें भूख नहीं है इसलिए अलविदा श्रीमान्!

बैनेडिक : ''इच्छा के विरुद्ध दावत का निमन्त्रण देने भेजा गया है।'' ये ही बात इसने कही थी। अवश्य ही इसके दो मतलब हैं। फिर इसने कहा था, ''जितना इन धन्यवादों के देने से तुम्हें कष्ट हो सकता है उससे अधिक तो कष्ट मुझे नहीं हुआ है।'' इसका सीधा ही मतलब यह है कि जिस तरह मुझे धन्यवाद देने में हार्दिक आनन्द हुआ है, उतना ही इसे यह कष्ट उठाने में आनन्द मिला है। अगर अब भी मैं इस बेचारी औरत पर रहम न करूँ, तो मैं अव्वल दर्जे का बदमाश हूँ। एक नीच और घृणित यहूदी हूँ, अगर अब भी मैंने इससे प्यार नहीं किया तो!

(जाता है।)

तीसरा अंक

दृश्य 1

(लिओनेटो का बाग। हेरो, मार्गरिट और उर्सुला का प्रवेश)

हेरो : मेरी अच्छी मार्गरिट! ड्राइंग रूम तक भागकर जाओ, वहाँ तुम्हें डॉन पैड्रो और क्लॉडिओ से बातें करती हुई बिएट्रिस मिलेगी। उससे कान में कहना कि तुमने बाग में उर्सुला और मेरे बीच हुई पूरी बातचीत को छिपकर सुन लिया है और उस बातचीत का एकमात्र विषय वही थी। उससे यह भी कहना कि वह चुपके से उस घने कुञ्ज में चली जाए जहाँ हनी सकिल के वे फूल, जो सूर्य के प्रकाश से ही खिलते हैं, उन्हीं सूर्य की किरणों को अपनी छाया तक इस तरह नहीं पहुँचने देते जैसे कि मानो अपने किन्हीं स्वामियों की कृपा का इतना अहंकार और आवेश उनमें चढ़ गया हो, कि जिस सूर्य ने उन्हें पाला है उसी के विरुद्ध डटकर वे खड़े हो गए हों। वहाँ उससे छिप जाने के लिए कहो और कहना कि वहाँ से वह हमारी बातचीत छिपकर सुने। यह तुम्हारा काम है, इसे अच्छी तरह करो और अब शीघ्र ही यहाँ से चली जाओ।

मार्गरिट : मैं आपसे वायदा करती हूँ कि फौरन ही उसे वहाँ आने के लिए तैयार कर लूँगी।

हेरो : तो फिर उर्सुला! जब बिएट्रिस आए तो हम सिर्फ बैनेडिक की ही बातें करेंगे और इधर-उधर घूमते हुए करते ही रहेंगे। तुम्हारा काम होगा कि जब मैं उसका नाम लूँ, तो उसको आसमान पर उठाकर तारीफ करना शुरू कर दो। मैं तुमसे यह कहती रहूँगी कि बैनेडिक बिएट्रिस से कितना अधिक प्रेम करता है। लोगों को आपस में प्रेम में डालने का यही तरीका है। कामदेव के बाणों की तो कोरी बात ही बात है।

(पीछे से बिएट्रिस का प्रवेश)

अब हमें अपना नाटक शुरू करना चाहिए। क्योंकि टिटहरी की तरह झुककर हमारी बातें सुनने के लिए बिएट्रिस यहाँ आ रही है।

उर्सुला : मछली पकड़ने में सबसे दिलचस्प बात यह देखनी होती है कि मछली अपने शिकार को पकड़ने के लिए किस तरह अपने सुनहरी परों से, स्वच्छ धारा को दो भागों में चीरती हुई पानी में भागती है। बिएट्रिस तो मछली है और हम मछली पकड़ने वाले हैं। जहाँ भी वह कुञ्ज में छिपी हुई है, हम साफ-साफ देख सकते हैं। मेरी तरफ से तो कोई डर की बात नहीं है। मैं तो अपनी यथाशक्ति इस नाटक में अपना हिस्सा अदा कर लूँगी।

हेरो : तो फिर चलो उसके और निकट ही चले चलें, जिससे हमारे इस झूठे और दिलचस्प नाटक की एक भी बात वह सुने बिना न रहे। यही तो वह शिकार है, जिसके लिए वह दौड़ती हुई आई है और इसी से हम उसके गले में फन्दा अटकाएँगे। *(कुञ्ज के निकट भागते हुए)* नहीं उर्सुला! मुझे डर है यह कभी नहीं हो सकता। बिएट्रिस तो बहुत घमण्डी स्वभाव की है। वह तो जंगली बाजों की तरह आज़ाद है, उसको कैसे अपने वश में किया जा सकता है?

उर्सुला : क्या तुम्हें पूरी तरह पता है कि बैनेडिक बिएट्रिस से बहुत प्रेम करता है?

हेरो : राजकुमार और मेरा प्रेमी क्लॉडिओ तो यही कहते थे।

उर्सुला : क्या उन्होंने तुमसे यह भी कुछ कहा था कि तुम इस बात को बिएट्रिस के कानों तक पहुँचा दो?

हेरो : हाँ, लेकिन मैंने तो उनको यही सलाह दी थी कि यदि उन्हें बैनेडिक से हमदर्दी है, तो उन्हें उसे किसी तरह समझाकर, इस बात पर बाध्य करना चाहिए कि चाहे उसे कितना भी अपने हृदय की भावनाओं को कुचलना पड़े, पर बिएट्रिस को कभी भी इस बात को ज़ाहिर नहीं होने दे।

उर्सुला : क्यों? तुमने ऐसा क्यों किया? क्या वह बिएट्रिस जैसी अच्छी और सुन्दर पत्नी के लिए एक उपयुक्त वर नहीं है?

हेरो : मैं कामदेव की शपथ खाकर कहती हूँ। जितना और कोई आदमी उपयुक्त हो सकता है, उतना वह भी है; लेकिन क्या तुम यह नहीं जानती कि बिएट्रिस, जितनी अपने स्वभाव से घमण्डी है, उतनी तो शायद कोई भी स्त्री नहीं होगी। उसकी आँखों में घृणा और विद्वेष हमेशा नाचा करता है और जो कोई भी चीज़ उसकी आँखों के सामने आती है, वह उसे बड़ी उपेक्षा भरी हुई दृष्टि से देखती है! वह अपने आपको इतना ऊँचा समझती है कि जो भी उसके वाक्‌चातुर्य का विषय नहीं बनता, उसे वह बेकार समझती है। उसे तो अपने आप से ही इतना लगाव है कि दूसरे को प्रेम करना उसके लिए असम्भव ही है।

उर्सुला : मेरा भी बिलकुल यह खयाल है। इसीलिए बैनेडिक के प्रेम को उसके सामने खोलना ठीक नहीं है क्योंकि डर यह है कि वह उसका मज़ाक उड़ाएगी।

हेरो : तुम बिलकुल ठीक कहती हो। वह किसी भी आदमी को गलत रास्ते पर लाकर बाहर निकाल सकती है। कितना भी बुद्धिमान, अच्छा और सुन्दर वह हो, लेकिन जैसे डायनें जादूगर के मन्त्रों को उलटे दोहराकर, उन्हें अच्छे की जगह स्वयं जादूगर के लिए अभिशाप रूप बना देती हैं, उसी तरह वह उसके अच्छे से अच्छे गुणों को दोष के रूप में ही प्रकट करेगी, और उसका उलटा चित्र ही सबके सामने व्यक्त करेगी। अगर वह सुन्दर होगा, तो वह उसे ज़नाना कहेगी! और अपनी बहिन बनाने के लिए तैयार हो जाएगी! परन्तु पति कभी नहीं बनाएगी। अगर वह काले रंग का हुआ, तो वह कहेगी की प्रकृति ने इसे सिर्फ भांड बनाने का तो इरादा किया ही है परन्तु ऐसा करने में भी उसने बहुत ज़्यादा ही कीमत खर्च की है जो चीज़ को देखते हुए तो बहुत ज़्यादा है। अगर लम्बा आदमी हुआ, तो कहेगी कि बुरे से बने हुए सिरवाली कोई लम्बी और पतली बर्छी है। अगर छोटे क़द का कोई आदमी हुआ, तो फिर वह सुलेमानी पत्थर की गोल मोहरों पर बने हुए बौनों से उसकी तुलना करने लगेगी। अगर वह बातूनी हुआ, तो वह उसकी शोर मचाने वाली चिड़िया से तुलना करेगी जो हवा की ठीक-ठीक दिशा बताती है। अगर कोई शान्त-स्वभाव का हुआ तो कहेगी कि यह तो पत्थर की मूर्ति की तरह है। इस तरह हर एक के साथ कोई न कोई दोष वह ढूँढ लेती है, और हर आदमी के गुणों को दोषों के रूप में परिणत कर डालती है। वह कभी भी सत्य और गुण को महत्ता और सम्मान देती ही नहीं जो उनको मिलना चाहिए।

उर्सुला : वास्तव में इस तरह दोष निकालने की आदत तो ठीक नहीं है।

हेरो : बिलकुल ठीक नहीं है! इस तरह बेतुकेपन और सबसे अलग, एक बेढंगेपन से रहना, तो उसके लिए उचित नहीं है। लेकिन सवाल तो यह है, कि अब यह जाकर उससे कहे कौन? अगर मैं उससे यह कहने का साहस करूँगी तो मेरा तो मज़ाक बनाकर वह मुझे मार ही डालेगी। इसलिए बैनेडिक को चाहिए कि वह छिपी हुई आग की तरह अपनी इस प्रेम की जलन से अपने हृदय को जलाता रहे। अपने आपको उपहास और उपेक्षा का विषय बनाकर, शर्म से घुटकर मरने से तो कहीं अच्छी है ऐसी मौत!

उर्सुला : लेकिन फिर भी एक बार बिएट्रिस से कहकर तो देखो कि वह कहती क्या है।

हेरो : नहीं, मैं तो नहीं कह सकती। इसकी बजाय तो मैं बैनेडिक के पास जाकर उससे कह दूँगी कि वह अपने प्रेम की आग को पूरी तरह बुझा दे या कुछ ऐसी नुकसान न पहुँचाने वाली अफवाहें उड़ा सकती हूँ जिससे बिएट्रिस के सम्मान या चरित्र पर कोई दोष न आए, लेकिन बैनेडिक का प्रेम घृणा के रूप में बदल जाए। कौन जानता है कि थोड़ी भी गलत अफवाह किस तरह किसी के प्रेम

को ज़हर देकर मारने में सफल होती है!

उर्सुला : नहीं, नहीं, मेरी तुमसे यही प्रार्थना है कि अपनी बहिन को इस तरह से कोई आघात न पहुँचाओ। यह कैसे हो सकता है कि इतनी अक्लमन्द होते हुए भी बिएट्रिस इतने अच्छे और सुयोग्य बैनेडिक के प्रेम को ठुकरा दे। दूसरों के बारे में विचार करते समय वह इतना गलत कभी नहीं सोच सकती।

हेरो : सच पूछो तो मेरे क्लॉडिओ को छोड़कर पूरी इटली में वह सबसे अधिक योग्य है।

उर्सुला : माफ करना, अगर तुम्हें बुरा न लगे तो मैं यह बात कहूँ कि बैनेडिक शक्ल-सूरत, व्यवहार, अक्लमन्दी और बहादुरी में किसी से कम नहीं है। इटली में तो उसका नाम सबसे पहले गिना जाता है।

हेरो : हाँ, यह तो सच बात है कि इसकी प्रसिद्धि काफी है।

उर्सुला : और यह भी बात है कि इस प्रसिद्धि के मिलने से कहीं पहले वह इसके योग्य था। मेरी प्रिय स्वामिनी! तुम्हारी शादी कब हो रही है?

हेरो : यद्यपि शादी तो कल होने वाली है लेकिन इस बीच में मेरी खुशी का हरएक दिन ही मुझे शादी के दिन की तरह अच्छा लगता है। चलो अन्दर चलें, मैं तुम्हें अपने कुछ नए कपड़े दिखाऊँगी और फिर तुम मुझे बताना कि कौन-सा मुझे कल सबसे अच्छा लगेगा।

उर्सुला : मैं तुम्हें विश्वास दिलाती हूँ कि बिएट्रिस पर हमारी चाल चल गई है।

हेरो : अगर ऐसा है तो फिर यही समझना चाहिए कि प्रेम भाग्य की बजाय मौके की चीज़ है। कुछ तो ऐसे होते हैं कि हमेशा प्रेम के लिए तड़पा करते हैं, जबकि कुछ इसके धोखे में पड़े रहते हैं।

(हेरो और उर्सुला का प्रस्थान)

बिएट्रिस : *(आगे आकर)* यह क्या आग-सी मेरे कानों में घुस गई है! क्या यह सब कुछ सच है? क्या मैं घमण्ड और उपेक्षापूर्ण व्यवहार के लिए लोगों के बीच इतनी बदनाम हूँ? तो फिर ओ मेरे हृदय में बसी उपेक्षा और मेरे घमण्ड! मैं तुम्हें नमस्कार करती हूँ। इनके ही कारण तो आदमी को, न तो अपने सामने, और न पीठ पीछे, कोई कीर्ति और सम्मान मिल सकता है। बैनेडिक के प्रेम के बदले में मैं अपना प्रेम दूँगी और अपने इस जंगली बाज़ की तरह के हृदय को उसको समर्पित कर दूँगी। अगर वह सचमुच मुझे प्यार करता है, तो फिर मैं भी उसके प्रति इतना प्यार दिखाऊँगी कि वह इसके लिए बहुत उत्सुक हो जाएगा कि हम दोनों अपने हृदयों को सदा के लिए शादी के डोरे से एक दूसरे से बाँध दें। ओ बैनेडिक! लोग कहते हैं कि तुम बहुत योग्य हो। ठीक है, जितना तुम्हारे बारे में कहा गया है, इससे भी अधिक मैं इस बात पर विश्वास करती हूँ।

(जाती है।)

दृश्य 2

(लिओनेटो के घर में एक कमरे में। डॉन पैड्रो, क्लॉडिओ, बैनेडिक और लिओनेटो का प्रवेश)

डॉन पैड्रो : मैं तो तुम्हारी शादी तक ही यहाँ रुकूँगा फिर एरेगान चला जाऊँगा।

क्लॉडिओ : अगर आप मुझे आज्ञा दें तो मैं भी आपके साथ चलूँ श्रीमान्!

डॉन पैड्रो : नहीं, इससे तुम्हारी शादी की सारी खुशियों पर पानी फिर जाएगा। यह तो वैसी ही बात रही कि किसी बच्चे को नया कोट देकर उससे यह कहना कि इसे पहनना नहीं। मैं तो सिर्फ बैनेडिक को ही साथ चलने के लिए कहूँगा। पैर से लेकर सिर तक उसमें हँसी-मज़ाक कूट-कूटकर भरा हुआ है और इसी से उसने कामदेव के हमलों को भी दो या तीन बार असफल कर दिया, जिससे वह बेचारा फिर हमला करने की हिम्मत ही नहीं करता। उसका हृदय एक साबुत घण्टे की तरह सच्चा है और उसकी ज़बान कुछ बोलने के लिए तभी उठती है जब सच्ची तरह से उसके हृदय में कोई भाव आता है, जिसको कहे बिना वह रह ही नहीं सकता।

बैनेडिक : श्रीमान्! मैं बहुत कुछ बदल चुका हूँ।

लिओनेटो : वही तो मैं कह रहा हूँ। मालूम होता है तुम कुछ अधिक गम्भीर हो गए हो।

क्लॉडिओ : मुझे तो ऐसा मालूम होता है कि ये अब किसी के प्रेम में पड़ गए हैं।

डॉन पैड्रो : प्रेम? तो फिर बदमाश को फाँसी के तख्ते पर लटका दो। इसमें कहाँ है इतना खून जो इसके हृदय में प्रेम का उबाल आ जाए! अगर यह कुछ गम्भीर या चिन्तित भी है तो उसका कारण यही है कि इसकी जेब में पैसे नहीं हैं।

बैनेडिक : मेरे दाँत में दर्द है।

डॉन पैड्रो : तो फिर दाँत को बाहर खींच लो।

बैनेडिक : और फिर इसको एक गद्दार की तरह फाँसी पर लटका दूँ, यही न?

क्लॉडिओ : आम रिवाज के अनुसार तो फाँसी के पहले तो इसे ज़मीन पर घिसटवाना चाहिए।

डॉन पैड्रो : तो क्या तुम इसी दाँत के दर्द के कारण इतनी लम्बी-लम्बी साँसे भर रहे हो?

लिओनेटो : या तो शरीर में किसी विकार के बढ़ने से यह दर्द हुआ है या दाँत की जड़ों में कीड़ा लग गया होगा।

बैनेडिक : जिसके दर्द होता है वही उसको अधिक अच्छी तरह जानता है, दूसरा नहीं।

क्लॉडिओ : मेरा तो अभी तक यही ख़याल है कि वह किसी के प्रेम में है।

डॉन पैड्रो : जब तक ऐसी बेवकूफी करने का उसे शौक न पैदा हो जाए, जैसा कि

मालूम होता है, उसे है, वह इस तरह के किसी धोखे में नहीं आ सकता और प्रेम के धोखे में तो सबसे ही कम। एक दिन तो वह 'डच' फैशन के कपड़े पहनता है और दूसरे दिन 'फ्रैंच' फैशन के। कभी-कभी वह इस तरह के कपड़े पहनता है कि विभिन्न देशों के फैशन एक ही जगह इकट्ठे हो जाते हैं जैसे, ढीली जर्मन बिरजिस, लम्बा 'स्पेनिश' चोगा जिसमें किसी तरह का 'डबलैट' नहीं होता। इसलिए अगर उसे किसी चीज़ का शौक भी है तो इस तरह की बेवकूफी करने का शौक है। लेकिन जैसा तुम उसे बनाना चाहते हो, वह ऐसा बेवकूफ नहीं है कि प्रेम वगैरह के चक्कर में पड़ जाए।

क्लॉडिओ : अगर वह प्रेम के चक्कर में नहीं है, तो फिर जो यह बतलाने वाले चिह्न अभी तक चले आते हैं, वे सब झूठ हैं? रोज़ सुबह उठकर वह अपने टोप को झाड़ता है, इसका क्या मतलब लगाते हैं आप?

डॉन पैड्रो : क्या किसी नाई कि दुकान में तुमने उसे देखा?

बैनेडिक : नहीं, नाई खुद उसके पास जाता है। क्या आप नहीं देखते कि उसकी दाढ़ी इतनी अच्छी तरह से बनी और सुती हुई है कि टैनिस की गेंदें भी उससे टकराकर उछलती हुई वापस चली जाएँगी।

लिओनेटो : जब उसकी यह दाढ़ी नहीं रहती, तो वह अधिक जवान लगने लगता है।

डॉन पैड्रो : बिल्ली में से कस्तूरी की तरह जो, खुशबूदार चीज़ निकलती है अब वह उसे भी लगाता है, अब इसी बात से आप उसकी सारी हालत जान सकते हैं।

क्लॉडिओ : तो इस बात से तो और भी निश्चय हो गया कि बैनेडिक को किसी न किसी से अवश्य प्रेम हो गया है।

डॉन पैड्रो : सबसे बड़ा तो इसका सबूत उसका इस तरह चिन्तित रहना है।

क्लॉडिओ : जैसा वह अब करता है क्या पहले भी आपने उसे इस तरह अपने मुँह को उबटन और खुशबू लगाकर धोते हुए देखा है?

डॉन पैड्रो : या अपने गालों पर लाली लगाते हुए देखा है? उसकी इस नई आदत के बारे में लोग बहुत चर्चा कर रहे हैं।

क्लॉडिओ : यही नहीं बल्कि उसके सारे हँसी-मज़ाक अब एक प्रेमी की बाँसुरी पर बजते दर्दीले स्वरों के रूप में बदल गए हैं, जो पर्दों की रोक-थाम से ही बजते हैं।

डॉन पैड्रो : यह सब पूरी तरह से यह साबित करता है कि वह किसी के प्रेम का शिकार बन चुका है।

क्लॉडिओ : मैं नहीं जानता पर इतना अवश्य जानता हूँ कि कोई न कोई इससे प्रेम अवश्य करती है।

डॉन पैड्रो : मैं जानना चाहूँगा वह कौन हो सकती है! लेकिन निश्चित ही वह कोई

ऐसी अभागी होगी जो इसको अच्छी तरह अभी जानती नहीं होगी।

क्लॉडिओ : नहीं, वह इसको और इसके सभी दुर्गुणों को अच्छी तरह जानती है लेकिन फिर भी इसके प्रेम में पागल हो रही है।

डॉन पैड्रो : तो फिर उसका यह पागलपन उसकी कब्र में ही खत्म होगा; मेरा कहने का मतलब है, उसकी ये लम्बी-लम्बी आहें उसके प्रेमी की बाँहों के बीच ही शान्त होंगी।

बैनेडिक : आप यह जो सब कुछ कह रहे हैं यह तो मेरे दाँत के दर्द के लिए कोई दवाई नहीं मालूम होती। मेरे आदरणीय श्रीमान्! मैं आपसे थोड़ी देर के लिए गुप्त बातें करना चाहता हूँ जिन्हें ये बेवकूफ न सुनें तो अच्छा हो।

(बैनेडिक और लिओनेटो जाते हैं।)

डॉन पैड्रो : मैं अपनी सौगन्ध खाकर कहता हूँ, यह लिओनेटो से बिएट्रिस के प्रति अपने प्रेम की बातचीतों को छोड़कर और कुछ नहीं कर सकता।

क्लॉडिओ : बिलकुल ठीक! हेरो और उर्सुला अब तक बिएट्रिस पर अपनी चाल खेल चुकी होंगी। अब भविष्य में जब कभी भी ये दोनों आपस में मिलेंगे तो रीछों की तरह लड़ने नहीं लगेंगे।

(डॉन जौन का प्रवेश)

डॉन जौन : ओ मेरे भाई! भगवान् आपकी रक्षा करे।

डॉन पैड्रो : नमस्ते, भाई!

डॉन जौन : अगर आप कुछ समय निकाल सकें तो मैं आपसे कुछ बातें करूँ।

डॉन पैड्रो : क्या तुम मुझसे अलग में बातें करना चाहते हो?

डॉन जौन : हाँ, लेकिन काउण्ट क्लॉडिओ भी उस बात को सुन सकते हैं क्योंकि वह इन्हीं से सम्बन्धित है।

डॉन पैड्रो : क्या बात है?

डॉन जौन : *(क्लॉडिओ से)* क्या तुम सोचते हो कि कल तुम्हारी शादी हो जाएगी?

डॉन पैड्रो : हाँ, अवश्य, क्लॉडिओ यही सोचते हैं।

डॉन जौन : मैं नहीं जानता कि वे ऐसा सोच सकते हैं, क्योंकि जो कुछ मैं जानता हूँ वे बातें तो उन्होंने सुनी ही हैं। तब यह कैसे हो सकता है?

क्लॉडिओ : अगर आप इस शादी के बीच में कोई बाधा देख रहे हैं, तो हमें तुरन्त बताइए।

डॉन जौन : मुझे विश्वास है कि यह सब कुछ कहने पर पहले तो तुम मुझे अपना दुश्मन समझोगे, पर सच्ची बात बाद में खुद सामने आ जाएगी। जो कुछ भी मैं कहूँ उससे मेरे बारे में कोई बुरा ख़याल मत बनाना, बल्कि अच्छा ही सोचना। मेरा विश्वास है कि मेरे भाई तुम्हें बहुत चाहते हैं और उन्होंने ही तुम्हारे प्रति अपना प्रेम और सहानुभूति दिखाकर, तुम्हारी इस शादी को तय कराया है लेकिन

यह निश्चय समझ लो, इनका सब किया-कराया बेकार जाएगा।

डॉन पैड्रो : क्यों, आखिर बात क्या है?

डॉन जौन : वही तो मैं आपसे कहने आया हूँ। थोड़ी ही बात में कहूँ तो यह है, कि हेरो के बारे में आजकल इधर-उधर बहुत चर्चा हो रही है और मैं कहता हूँ कि वह अपने प्रेम में सच्ची नहीं है।

क्लॉडिओ : हेरो?

डॉन जौन : हाँ, हेरो, तुम्हारी प्रेमिका हेरो, लिओनेटो की पुत्री, वही हेरो, जिसको हरएक चाहता है।

क्लॉडिओ : क्या कहा तुमने, वह अपने प्रेम में सच्ची नहीं है?

डॉन जौन : 'सच्ची नहीं है' यह बात तो उसकी पूरी दुष्टता को व्यक्त करने में बहुत कम है। मैं तो यहाँ तक कहूँगा कि वह इससे भी कहीं बुरी है। उसके लिए इससे अधिक, कोई बुरे से बुरा शब्द ढूँढ लो, और मैं इसे साबित करूँगा कि वह वास्तव में वही है। आश्चर्य में मत पड़ो, देखो, मैं इससे बड़ा सबूत तुम्हारे सामने पेश करता हूँ। आज रात को मेरे साथ चलना और तब मैं तुम्हें इसी रात को दिखा दूँगा कि कोई दूसरा आदमी उसके सोने के कमरे में घुसेगा और उससे मिलेगा। शादी के पहले वाली इसी रात को देख लेना यह सब कुछ। यह देखने के बाद भी, अगर तुम उससे प्रेम कर सको, तो फिर कल उससे अवश्य शादी कर लेना। लेकिन ज़्यादा इज़्ज़त की बात तो यही रहेगी कि तुम अपना इरादा बदल दो।

क्लॉडिओ : क्या, क्या यह सब कुछ सच हो सकता है?

डॉन पैड्रो : मैं तो कभी भी इस पर विश्वास नहीं कर सकता।

डॉन जौन : ठीक है, तो अगर आप अपनी आँखों देखी बात पर भी विश्वास न कर सकें, तो फिर बात ही खत्म हुई। और क्या करें! लेकिन आप मेरे साथ तो चलिए, मैं अपने इस दोषारोपण को सही साबित करने के लिए आपके सामने पर्याप्त कारण रखूँगा। जब आप उस सबको देख लें और इसके बारे में अधिक सुन लें, तब फिर यह आपके ऊपर है कि आप इस पर क्या सोचें।

क्लॉडिओ : ठीक है, जैसा तुम कहते हो, अगर वैसी बात ही मैंने आज रात को देखी, तो कल मैं हेरो से कभी भी शादी नहीं करूँगा। यही नहीं, मैं सबके सामने गिरजाघर में जहाँ हमारी शादी का इन्तज़ाम होगा, उसको बुरा कहकर उसको नीचा दिखाऊँगा।

डॉन पैड्रो : और चूँकि इस शादी को तय करने में मेरा काफी हाथ रहा है, इसलिए उसको इस तरह नीचा दिखाने में मैं तुम्हारा साथ दूँगा।

डॉन जौन : मैं तो उसे तब तक बुरा नहीं कहूँगा, जब तक आप लोग खुद अपनी आँखों से यह सब कुछ न देख लें। लेकिन देखकर आधी रात तक तो धैर्य के

साथ इस पर विचार करना और फिर परिस्थिति को देखकर जो भी निर्णय करना हो, कर लेना।

डॉन पैड्रो : ओह! कैसी खुशी के साथ आज का दिन प्रारम्भ हुआ था, लेकिन कितनी बुरी तरह से यह खत्म हो रहा है।

क्लॉडिओ : ओह! मेरे हृदय की कामनाओं के बीच यह कैसी बाधा आकर खड़ी हो गई।

डॉन जौन : नहीं, यह मत कहो, यों कहो कि सौभाग्य ने तुम्हें बचा लिया और जब तुम इस सबको छोड़ चुकोगे, तब मेरी बात मानोगे।

दृश्य 3

(एक गली। डॉगबैरी और वर्गीज़ का पहरेदारों के साथ प्रवेश)

डॉगबैरी : क्या तुम सच्चे और वफादार नागरिक हो?

वर्गीज़ : हाँ, नहीं तो इनको जन्म कैद में पटक देना चाहिए।

डॉगबैरी : नहीं, यह तो इनके लिए बहुत ही थोड़ी सज़ा रहेगी अगर ये कोई गद्दारी करेंगे। क्योंकि जानते हो ये राजा के पहरेदार हैं?

वर्गीज़ : तो फिर मित्र डॉगबैरी! इनको अपना-अपना काम समझा दो।

डॉगबैरी : सबसे पहले तो मुझे यह बताओ कि इनमें से किसको तुम सिपाही के काम के लिए सबसे अच्छा समझते हो?

पहला पहरेदार : या तो 'ह्यू ऑटैकेक' या 'जौर्ज़ सीकोल' क्योंकि ये दोनों पढ़ना-लिखना जानते हैं।

डॉगबैरी : अच्छा तो सीकोल! यहाँ आओ। तुम्हें भगवान् ने बड़ा अच्छा नाम दिया है। जानते हो अच्छी शक्ल-सूरत तो भाग्य की ही देन है, लेकिन आदमी में बुद्धि प्रकृतिदत्त होती है।

दूसरा पहरेदार : और ये दोनों गुण, श्रीमान् सिपाही—

डॉगबैरी : तुममें हैं। मैं जानता था तुम्हारा यही उत्तर होगा! अपनी अच्छी सूरत के लिए भगवान् को धन्यवाद दो और इस·पर कभी घमण्ड मत करना और जहाँ तक तुम्हारी काबलियत का सवाल है, वहीं इसे दिखाना जहाँ इसकी ज़रूरत पड़े। सिपाही की जगह के लिए तुम सबसे अधिक काबिल और समझदार आदमी समझे गए हो, इसलिए अब तुम यह लालटेन ले जा सकते हो। यही तुम्हारा काम होगा। जो कोई भी इधर-उधर जाए उन सबको राजकुमार के नाम पर रोकना और सब तरह की उससे पूछताछ करना।

दूसरा पहरेदार : लेकिन अगर कोई नहीं रुका तो?

डॉगबैरी : हाँ, तो फिर उसका ख़याल छोड़कर उसको चले जाने देना। फिर सभी

पहरेदारों को एक जगह इकट्ठे कर लेना और भगवान् को धन्यवाद देते हुए उनसे कहना कि आज एक बदमाश से भगवान् ने तुम्हें बचा लिया। समझे?

वर्गीज़ : लेकिन राजकुमार के नाम लेने पर भी कोई आदमी नहीं रुके तो यही समझना चाहिए कि वह उनकी प्रजा का आदमी नहीं है।

डॉगबैरी : बिलकुल। इसीलिए तो उससे कुछ भी नहीं बोलना चाहिए। क्योंकि तुम्हें तो उन्हीं लोगों से मतलब है जो राजकुमार की प्रजा हों। और एक बात का और ख़याल रखना। गलियों में कभी ज़ोर से पुकारना नहीं। क्योंकि वहाँ पहरेदारों के शोरगुल को लोग बरदाश्त नहीं कर सकते।

पहरेदार : बजाय बातें करने के सोना अच्छा रहेगा तब तो। हम सब जानते हैं कि पहरेदारों के लिए क्या उचित है और क्या अनुचित है।

डॉगबैरी : यह ठीक बात है। तुम तो बिलकुल एक पुराने और अनुभवी आदमी की तरह बातें करते हो। सोने से तो फिर किसी के नाराज़ होने की कोई जगह ही नहीं रह जाती है। लेकिन ज़रा होशियारी से सोना, ऐसा न हो कि कहीं तुम्हारी बर्छियों को ही, कोई तुम्हें सोता देखकर, उठा ले जाए। सबसे पहले तो तुम सभी शराबखानों की पूरी तलाशी ले लेना और सभी शराबियों को वहाँ से सोने के लिए भगा देना।

पहरेदार : लेकिन अगर वे नहीं भागे तो?

डॉगबैरी : तो फिर जब तक वे अपने होश-हवास में न आ जाएँ, तब तक उनसे कुछ मत बोलना। अगर वे एक बार तुमसे गाली-गलोज से भी पेश आएँ, तो भी तुम यह समझकर टाल जाना, कि वास्तव में जैसे आदमी वे हैं, वैसे अब अपना सही दिमाग न होने के कारण नहीं हैं।

पहरेदार : बहुत अच्छा साहब!

डॉगबैरी : अगर तुम्हें कोई चोर मिले जो ज़रूर तुम शक कर सकते हो कि वह ईमानदार नहीं होगा। और ऐसे आदमी को तुम जितना कम छेड़ो उतना ही अच्छा है। क्योंकि तभी तुम्हारी ईमानदारी पर कोई सवाल उठाने वाला पैदा नहीं होगा।

पहरेदार : लेकिन अगर हम जान जाएँ कि वह आदमी चोर है तो क्या हम उसे गिरफ्तार न कर लें?

डॉगबैरी : हाँ, हाँ, ज़रूर तुम्हारे पास उसके पूरे-पूरे अधिकार हैं। लेकिन तुम तो कहावत जानते ही हो—काजल छूए काली लीक। इसलिए सबसे अच्छा तरीका तो यही है कि जैसे वह छिप कर इधर-उधर चोरी करता है, और इसीलिए चोर कहलाता है, वैसे ही उसके पूरे चरित्र को व्यक्त होने के लिए तुम भी उसे अपने बीच से छिपकर निकल जाने देना। समझे?

वर्गीज़ : मित्र! इसीलिए तुम हमेशा इतने दयालु हृदय समझे जाते हो।

डॉगबैरी : सच, जिस आदमी में थोड़ी भी अच्छाई हो, उसकी तो बात ही क्या है? मैं अपनी तबियत से तो अपने कुत्ते को भी नहीं मारता।

वर्गीज़ : अगर तुम रात को किसी बच्चे को रोते हुए सुनो तो अवश्य उसकी धाय से कहोगे कि इसे चुप कर ले, क्योंकि तुम्हारा हृदय इस वेदना को कहाँ सह सकता है!

पहरेदार : लेकिन मान लो उसकी धाय सो रही हो और किसी तरह न जागे तो?

डॉगबैरी : तो फिर उस बच्चे को चिल्लाने दो और अपने रोने से उस धाय को जगा लेने दो, पर तुम अपना रास्ता पकड़कर आगे बढ़ जाओ, क्योंकि जब बच्चे का चिल्लाना ही उस धाय की नींद नहीं तोड़ सकता, तो फिर तुम्हारे चिल्लाने से क्या हो सकता है!

वर्गीज़ : यह तुम ठीक कहते हो।

डॉगबैरी : समझाने के तौर पर जो कुछ भी मैं कह सकता हूँ, वह सब कह रहा हूँ। यह याद रखना सिपाही! कि जब तुम अपने काम पर हो, तुम राजकुमार के आदमी हो। उसकी इज़्ज़त के पूरे ज़िम्मेदार हो। तुम किसी भी आदमी को यहाँ तक कि राजकुमार तक को भी, अगर रात के समय देर तक इधर-उधर फिरता हुआ पाओ, तो रोक दो। और फिर उससे पूछो कि इस समय उसके इस तरह फिरने से क्या मतलब है।

वर्गीज़ : ओह, यह काम इससे नहीं हो सकता।

डॉगबैरी : मैं पाँच शिलिंग की शर्त लगाता हूँ कि कानून इससे कम की आज्ञा नहीं देता। हाँ यह बात और है कि अगर राजकुमार की इच्छा न हो, तो वह पहरेदार की बातें न सुने, क्योंकि अगर पहरेदार किसी की इच्छा के विरुद्ध उसे रोकेगा और कुछ पूछताछ करके परेशान करेगा, तो कानून से अपराधी होगा।

वर्गीज़ : सच, मैं 'मेरी' की शपथ खाकर कहता हूँ कि जो कुछ तुम कहते हो, वह सब ठीक है।

डॉगबैरी : हा, हा, हा! अच्छा श्रीमान्! अब विदा। अगर रात को कोई खास बात हो जाए तो मुझे जगा लेना। मेरी सलाह को अपने पास रखना और मेरी और अपनी सलाहों पर काम करना। अच्छा, सबको मेरी नमस्ते! चलो मित्र वर्गीज़, अब चलें।

पहरेदार : अच्छा श्रीमान्! तो अब हमने अपना-अपना काम तो आपसे पूछ ही लिया है, इसलिए अब हम गिरजाघर के 'पोर्च' के अन्दर रात के दो बजे तक बैठेंगे और फिर जाकर अपने-अपने बिस्तरों पर सो रहेंगे।

डॉगबैरी : दोस्तो! एक बात और सुनो। श्रीमान् लिओनेटो के घर की ज़रा अच्छी तरह से देखभाल करना, क्योंकि जो शादी कल होने वाली है, उस वजह से, वहाँ बहुत लोग आते-जाते रहते हैं। अच्छा, विदा! देखना, पूरी तरह होशियार रहना।

(डॉगबैरी तथा वर्गीज़ का प्रस्थान)
(बोरेकिओ और कॉनरेड का प्रवेश)

बोरेकिओ : कौन, कॉनरेड?

पहरेदार : *(आपस में)* बस अब मत हिलो, यहीं चुपचाप खड़े होकर देखो।

बोरेकिओ : मैं कहता हूँ कि क्या कॉनरेड है यहाँ!

कॉनरेड : तुम्हारी कोहनी की बगल ही में तो हूँ।

बोरेकिओ : ओह, भगवान् की सौगन्ध मेरी कोहनी में अभी कुछ खुजली मची थी। मैंने सोचा कि अब कुछ न कुछ कोढ़ या खाज आने वाली है।

कॉनरेड : ठीक है, अपनी कहानी कहे जाओ। मैं किसी और वक्त तुम्हारी इस सारी बदतमीज़ी का बदला चुका दूँगा।

बोरेकिओ : आओ, जब तक पानी पड़ रहा है, तब तक इस छत के नीचे खड़े हो जाएँ। मैं तुम्हें एक सच्चे शराबी की तरह, हरएक बात खोलकर सुनाऊँगा।

पहरेदार : *(आपस में ही)* यह तो कोई षड्यन्त्र मालूम होता है। जब तक हम इनकी पूरी बात सुन न लें, तब तक बस यहीं पत्थर की तरह बिना हिले-डुले खड़े रहो।

बोरेकिओ : हेरो के प्रेमी का एक झूठा 'पार्ट' खेलने के लिए डॉन जौन ने मुझे एक हज़ार ड्यूकेट इनाम में दिए हैं।

कॉनरेड : क्या इस तरह की मक्कारी और बदमाशी के लिए इतनी बड़ी इनाम मिल सकती है?

बोरेकिओ : हाँ, क्यों नहीं। मक्कारी से इतना बड़ा फायदा हो सकता है। तुम यह क्यों नहीं समझते कि जब मालदार बदमाश और मक्कार, छोटे बदमाशों से अपना काम निकालते हैं तो फिर छोटों को उनसे बड़ी कीमत क्यों नहीं वसूल करनी चाहिए!

कॉनरेड : मुझे तो तुम्हारी बातों पर आश्चर्य हो रहा है।

बोरेकिओ : इसी से साफ मालूम होता है कि इस दुनिया में अभी तुम बच्चे हो। क्या तुम जानते हो कि आदमी के लिए कपड़ों का फैशन बदलना कोई महत्त्वपूर्ण बात नहीं है। फैशन बदलता है तो आदमी अपने आप अपनी पोशाक बदल लेता है।

कॉनरेड : नहीं, यह तो बहुत महत्त्वपूर्ण है। यह तो उसकी पोशाक की बात है।

बोरेकिओ : मैं तो पोशाक की बात नहीं कर रहा, बल्कि उसके फैशन की बात कर रहा हूँ।

कॉनरेड : लेकिन फैशन तो फैशन ही है।

बोरेकिओ : बिलकुल। फिर यों भी कहा जा सकता है कि बेवकूफ तो बेवकूफ है ही, लेकिन क्या तुम नहीं जानते कि यह फैशन कैसा टेढ़ा-मेढ़ा बदमाश है?

पहरेदार : *(आपस में)* मैं इस टेढ़े-मेढ़े बदमाश को जानता हूँ। मैं उसे पिछले सात

सालों से जानता हूँ। वह अब भी एक शरीफ आदमी की तरह खुला डोलता है जबकि उसे जेल में बन्द कर देना चाहिए। मुझे उसका नाम पूरी तरह याद है।

बोरेकिओ : क्या यह किसी आदमी की आवाज़ नहीं मालूम होती?

कॉनरेड : नहीं, यह तो चिड़िया की आवाज़ है और कुछ नहीं है।

बोरेकिओ : क्या तुम यह चीज़ महसूस नहीं करते कि यह फैशन कैसी बुरी शकल का डाकू जैसा है। कैसे यह फैशनेबिल तबियत वाले नवयुवकों के दिमाग को फिरा देता है और उन्हें ऐसा बना देता है कि कभी तो वे पुरानी काली पड़ी हुई तस्वीरों में जैसे मिश्री सिपाही बने रहते हैं, वैसे लगते हैं; कभी पुराने गिरजाघर की खिड़की के शीशे पर बनी हुई 'बेल' के पादरियों की भद्दी तस्वीरों जैसे लगते हैं और कभी दाढ़ी और मूँछ के बिना 'हरक्यूलीस' जैसे लगते हैं; इतना ही नहीं जैसा पुरानी कीड़ों की काटी हुई तस्वीरों में मिलता है कि हरक्यूलीस एक औरत के कपड़े पहनकर अपनी स्वामिनी ओम्फेल की आज्ञा पर सूत कात रहा है, बिलकुल वैसे ही ये नवयुवक लगते हैं।

कॉनरेड : हाँ, बिलकुल ठीक है, मुझे भी यही दीखता है। इसके अलावा यह भी तो देखने की बात है कि इस बदलते फैशन के कारण ही आदमी को अपनी आवश्यकता में कहीं अधिक कपड़े रखने पड़ते हैं। लेकिन एक बात पूछूँ कि क्या इस फैशन ने तुम्हारे सिर को भी नहीं फेर दिया है? क्या इसने तुम्हें भी हमेशा इधर-उधर हिलने-डुलने वाला और कभी भी एक बात पर न जमने वाला नहीं बना दिया है? इसी के कारण तुम अपनी कहानी कहते-कहते इस फैशन की बात पर फिसल आए हो!

बोरेकिओ : नहीं, ऐसी कोई बात नहीं है। लेकिन मेरा कहने का मतलब यह था कि आज रात को मैंने हेरो की परिचारिका मार्गरेट के प्रेमी का 'पार्ट' किया; उसमें मार्गरेट ने इधर हेरो का 'पार्ट' किया और वह उसी तरह अपने कमरे की खिड़की से सिर निकालकर मेरी तरफ झाँकी। उसने मुझसे बार-बार अलविदा कही। लेकिन मैं तुम्हें यह कहानी बहुत ही थोड़े में और इधर-उधर से सुना रहा हूँ। सबसे पहले तो मुझे तुमसे यह कहना चाहिए था कि किस तरह राजकुमार और क्लॉडिओ को डॉन जौन के खिलाफ बुरी-बुरी बातें करके उकसाया और फिर इस रात के प्रेम के इस नाटक को उन्हें दिखाने के लिए ले आया, जिससे वे स्वयं हेरो के इस जाल-फ़रेब को देख सकें।

कॉनरेड : और उन्होंने समझ लिया कि मार्गरेट हेरो थी?

बोरेकिओ : राजकुमार और क्लॉडिओ ने तो समझ ही लिया। लेकिन मेरा स्वामी जो साक्षात् यम का रूप है जान गया कि वह मार्गरेट थी। कुछ तो डॉन जौन की बातों से ही राजकुमकार और क्लॉडिओ के हृदयों में हेरो के खिलाफ बातें जम गई थीं। और बाकी रात के अँधेरे में इस मार्गरेट के नाटक ने बिठा दीं।

लेकिन असल में तो वे मेरी ही चालाकी और मक्कारी से हेरो के भ्रष्ट चरित्र के बारे में विश्वास कर गए और उसी से डॉन जौन द्वारा कही हरएक बात अपना सबूत लेकर ठीक भी साबित हो सकी। क्लॉडिओ तो यह देखकर पुकारता हुआ चला गया कि कल वह गिरजाघर में हेरो से मिलेगा और तभी उस शादी की तैयारी के बीच सब लोगों के सामने उसके इस भ्रष्टचार की बात खोलकर कहेगा, जो उसने पहली रात को ही देखा है और यह कहकर वह उसकी पूरी बेइज़्ज़ती करके बिना शादी किए वापस घर भेज देगा।

पहला पहरेदार : ठहरो, राजकुमार के नाम पर कहते हैं, जहाँ हो वहीं खड़े रहो।

दूसरा पहरेदार : हवलदार! जग जाओ। हमने ऐसा षड्यन्त्र पकड़ा है जैसा पूरे साम्राज्य में कभी सुनने में नहीं आया होगा।

पहला पहरेदार : और एक टेढ़ा-मेढ़ा आदमी इस डकैतों के झुंड का एक आदमी है। मैं उसे उसके प्रेम के बन्धन से अच्छी तरह जानता हूँ।

कॉनरेड : महाशय! महाशय!!

दूसरा पहरेदार : तुम इस 'टेढ़े-मेढ़े' आदमी को पेश करो।

कॉनरेड : श्रीमान्!

पहला पहरेदार : चुप रहो। अच्छा हमारे साथ आओ।

बोरेकिओ : सच जिन बिलों के भरोसे पर ये हमें पकड़ रहे हैं उनसे तो हम दुकान-हाट के सामान जैसे हो जाएँगे।

कॉनरेड : और फिर सन्देहपूर्ण मूल्य के सामान पर तो अदालत में सवाल पर सवाल पूछे जाएँगे। बहुत अच्छा, चलो हम तुम्हारे साथ चलते हैं।

(जाते हैं।)

दृश्य 4

(हेरो का कमरा। हेरो, मागरिट और उर्सुला का प्रवेश)

हेरो : उर्सुला! कृपया मेरी बहिन बिएट्रिस को जगा दो और उससे मेरी ओर से प्रार्थना कर दो कि वह उठ जाए।

उर्सुला : अभी जाती हूँ श्रीमती!

हेरो : और उससे यहाँ आने के लिए कहना।

उर्सुला : बहुत अच्छा।

मागरिट : मेरा ख़याल है तुम्हारा दूसरा गुलूबन्द तुम्हें अच्छा लगेगा।

हेरो : नहीं मेरी अच्छी मागरिट! मैं तो इसे ही पहनूँगी।

मागरिट : नहीं, मैं तुमसे ठीक कहता हूँ कि यह इतना अच्छा नहीं है जितना दूसरा है और मुझे पूरा विश्वास है कि तुम्हारी बहिन भी मेरी ही बात कहेगी।

हेरो : मेरी बहिन तुम्हारी तरह ही बेवकूफ है। मैं तो इसे ही पहनूँगी और किसी दूसरे को नहीं।

मार्गरेट : तुम्हारे सिर की इस पोशाक को मैं बहुत पसन्द करती हूँ। सिर्फ इतना ही मैं और चाहती हूँ कि इस पर जो नकली बाल हैं वे थोड़े और काले होते तो अच्छा रहता। फिर तुम्हारा चोगा तो बहुत ही लाजवाब है, क्या कहूँ, मिलान की रानी के से भी अच्छा होगा, क्योंकि रानी के चोगे को, जिसकी इतनी तारीफ की जाती है, मैंने खुद देखा है।

हेरो : लेकिन हाँ, और लोग भी यही कहते हैं कि यह बहुत अच्छा है।

मार्गरेट : सच अगर तुम्हारे चोगे से रानी के चोगे की तुलना की जाए, तो वह ऐसा लगेगा जैसे रात का चोगा, जो सोते वक्त पहना जाता है। तुम्हारे में तो सोने और चाँदी के तागों से बहुत खूबसूरत काम हो रहा है। इसमें मोती भी लगे हुए हैं। इसकी बाँहें इतनी लम्बी हैं कि ठीक कलाइयों तक आती हैं और साथ में कंधों से लटकने वाली खुली बाँहें भी इसमें हैं। इसके किनारों पर भी अच्छा काम है और नीचे चारों तरफ बहुत ही चमकदार नीचा गोटा लगा हुआ है। अब जहाँ बहुत खूबसूरत और अच्छे फैशनेबिल चोगे का सवाल है, वहाँ तो तुम्हारा चोगा किसी दूसरे से दस गुना अच्छा है।

हेरो : काश, जब मैं इसे पहनूँ तो ईश्वर मुझे खुशी दे, क्योंकि अभी-अभी मेरा दिल कुछ भारी हो गया है।

मार्गरेट : अगर अभी से तुम्हारा दिल भारी है, तो जब कोई अपना सिर इसके ऊपर रखेगा तो फिर यह और भी भारी हो जाएगा।

हेरो : शर्म करो थोड़ी ऐसी बात करते हुए।

मार्गरेट : क्यों, मुझे इसमें शर्म करने की क्या बात है? मैं तो सिर्फ शादी के बारे में कह रही हूँ, शादी जो बहुत ही इज़्ज़त की चीज़ है। क्या शादी सभी के लिए, यहाँ तक कि एक भिखमँगे के लिए भी, बड़ी इज़्ज़त की चीज़ नहीं है? क्या काउण्ट क्लॉडिओ इस तरह कुँवारे रहकर भी इज़्ज़तदार आदमी नहीं है? फिर इसमें क्या बुरी बात हो गई जो मैंने यह बात कह दी? लेकिन मैं समझ गई कि क्या बात तुम्हें इसमें खटकी है। बजाय 'किसी आदमी का सिर' कहने के मुझे शिष्टाचार के नाते 'पति के सिर के भार से' कहना चाहिए था, क्योंकि जब तक मेरे इन शब्दों पर कोई गन्दे विचार आकर इनका मतलब पूरी तरह बिगाड़ न दें, तब तक तुम इनमें कोई ऐतराज़ की चीज़ नहीं पा सकतीं। मुझे पूरा विश्वास है कि मेरे कहने में कोई अनुचित बात नहीं है। मेरा मतलब किसी दूसरी स्त्री के पति से नहीं था, क्योंकि अगर दूसरी स्त्री के पति से मेरा मतलब होता तो फिर, मैं फिर तुम्हारे लिए 'भारी' शब्द का प्रयोग न करके 'हलकी' याने आवारा

शब्द का प्रयोग करती। लो यह तुम्हारी बहिन बिएट्रिस आ गई। अगर तुम मेरी बात पर विश्वास नहीं करतीं तो उससे पूछ लो।

(बिएट्रिस का प्रवेश)

हेरो : नमस्ते बहिन!

बिएट्रिस : नमस्ते, मेरी प्यारी हेरो!

हेरो : क्यों क्या हुआ? तुम इस तरह दुःखी स्वर में क्यों बोल रही हो?

बिएट्रिस : पता नहीं। मेरा जी नहीं लग रहा। मैं तो इस लय-तान में कुछ बेसुरी-सी लग रही हूँ।

मागरिट : तो फिर 'लाइट ऑफ लव' की प्यारी धुन चलने दो। इसमें तो किसी मर्दानी आवाज़ की भी साथ में आवश्यकता नहीं है। अगर तुम इसे गाओ तो मैं इस पर नाचूँ।

बिएट्रिस : 'लाइट ऑफ लव'! क्या गाने की ऊपरी टेक यही है? तो फिर ओ आवारा! हलका ठुमकों वाला नाच शुरू करो। पर हाँ, ओ फिराऊ हल्के पैर वाली, यह ख़याल रखना कि अगर तुम्हारे पति के पास अस्तबलों की कमी न हो, तो फिर उनमें रखने के लिए चारे की कमी नहीं पड़नी चाहिए। यानी अगर उनके पास बसाने की जगह हो, तो फिर इसका ख़याल रखना कि बच्चों का जन-जन कर ढेर लगा देना, कि कोई कमी ही न आ पाए।

मागरिट : 'लाइट ऑफ लव' से मेरा यहाँ तक मतलब नहीं था। सच ऐसी बातों से मुझे नफरत है।

बिएट्रिस : बहिन, करीब पाँच बजे होंगे। अब तक तो तुम्हें तैयार हो जाना चाहिए पर मैं क्या करूँ, मेरा दिल तो और भी भारी होता जा रहा है। ओह!

मागरिट : तुम ये लम्बी-लम्बी श्वासें क्यों ले रही हो? ये किसी बाज़ के लिए ले रही हो या घोड़े के लिए या यों कहो कि पति के लिए ले रही हो?[1]

बिएट्रिस : नहीं, यह तो तकलीफ की वजह है जो मैं इतनी दुःखी हूँ।

मागरिट : अरे, अगर तुम्हें सचमुच किसी से प्यार नहीं है, तो फिर प्रेम के चले आते लक्षणों में से एक भी ठीक न होगा।

---

1. यहाँ फिर शेक्सपियर ने 'पन' का प्रयोग किया है। मागरिट ने बिएट्रिस से पूछा कि तुम किसके लिए ये लम्बी श्वासें ले रही हो : हॉक (Hawk) के लिए, हार्स (Horse) के लिए या हसबैंड (Husband) के लिए। ये तीनों शब्द H से शुरू होते हैं। इसलिए बिएट्रिस यह कहती हुई कि उसे H से या Ache से, जिनका उच्चारण एक ही है, तकलीफ है, अपना वाक्चातुर्य दिखाती है। यह चातुर्य उसी सफलता के साथ हम अनुवाद में नहीं दिखा सकते और इसी कारण यदि हम उस मेधावी नाटककार की कला को पूर्ण रूप से व्यक्त न कर सकें तो पाठक हमें क्षमा करें।

बिएट्रिस : मुझे तो आश्चर्य है कि यह मूर्ख कहना क्या चाहती है!

मागरेट : ओह, नहीं, नहीं, मेरा तो व्यक्तिगत रूप से कोई मतलब नहीं है। लेकिन मेरी तो ईश्वर से यही प्रार्थना है कि वह हमारी कामनाओं को पूरा करके हमें सौभाग्य प्रदान करे।

हेरो : इन दस्तानों को काउण्ट क्लॉडिओ ने मेरे पास भेजा था। ये किसी अच्छे इत्र से खुशबू के कारण महक रहे हैं।

बिएट्रिस : मैं तो जुकाम से भरी हुई हूँ, इसलिए मैं कुछ सूँघकर पता लगा ही नहीं सकती।

मागरेट : हाय भगवान्, एक कुँवारी लड़की भर जाए यह तो इस सर्दी की अच्छी बात है।

बिएट्रिस : भगवान् बचाए! इस तरह बातें बनाना कब से तुम्हारा पेशा हो गया है?

मागरेट : तभी से जब से तुमने बातें बनाना बन्द किया है। क्या मेरा यह वाक्चातुर्य मेरे स्वभाव के अनुकूल ठीक नहीं लगता?

बिएट्रिस : अरे यह तो दिखाई भी नहीं देता। इसे तो तुम्हें अपनी टोपी में लगाकर इस तरह सबको दिखाना चाहिए, जैसे वीर सेनानी अपनी प्रेयसियों के लिए दस्तानों को या अन्य उपहारों को सबको दिखाते हुए पहनते थे। मेरी तबियत तो बहुत परेशान है।

मागरेट : तो थोड़ी-सी 'कारडुअस बैनीडिक्टस' लो और उसे अपने दिल पर लगा लो। इस तरह की परेशानियों को दूर करने के लिए इसके बराबर कोई भी दवा नहीं है।

हेरो : तुम्हारी बात तो एक पैने 'गोखरू' के काँटे की तरह उसके चुभती है।

बिएट्रिस : लेकिन इस 'बैनीडिक्टस' में मुझे तुम्हारा कुछ गुप्त रहस्य मालूम होता है।

मागरेट : गुप्त रहस्य! न, न, विश्वास करो, मेरी बात में इस तरह कोई गुप्त रहस्य नहीं होता। मेरा मतलब तो सिर्फ पवित्र गोखरू के काँटे से था। शायद मेरा मतलब तुम यह लगा रही हो कि तुम्हें किसी से प्रेम है। लेकिन मैं तुम्हें विश्वास दिलाती हूँ कि मैं ऐसी बेवकूफ नहीं हूँ, कि जो कुछ चाहूँ वही सोचने लग जाऊँ, या यदि चाहूँ भी, तो वही सोच लूँ, या यदि कर सकूँ तो वही सोचना चाहूँ। क्या कहती हो, सोचते-सोचते मेरा दिल क्यों न बैठ जाए, पर मैं यह तो कभी सोच ही नहीं सकती कि तुम्हें भी कभी किसी से प्रेम हो सकता है। लेकिन फिर भी कोई निश्चय से कुछ भी नहीं कह सकता। बैनेडिक भी तुम्हारी ही तरह प्रेम की बातों पर हँसा करता था और अब जैसा हर आदमी के साथ आमतौर से होता है, उसने अपनी सारी पूर्व धारणाएँ बदल डाली हैं और वह बड़ी सहानुभूति और उदार हृदय से, प्रेम के विषय में बातें सुनता और करता है। वह हर वक्त

यही शपथ खाया करता था कि वह कभी भी शादी नहीं करेगा। लेकिन अब अपनी इन सभी धारणाओं और शपथों के विरुद्ध ही, औरों की तरह प्रेम में फँसा हुआ है। और इसी कारण से वह पहले की बजाय कोई बुरा तो हो नहीं गया? मुझे तो यह सोचना नामुमकिन है कि भविष्य में तुम कैसे क्या करोगी! लेकिन यह मुझे मालूम होता है कि जितना और स्त्रियाँ यह प्रेम-राग अलापा करती हैं, उससे कम तुम नहीं अलापती हो और तुम्हारी आँखें हमेशा एक पति की तलाश में लगी रहती हैं।

बिएट्रिस : कितनी तेज़ तुम्हारी यह ज़बान चलती है।

मार्गरेट : लेकिन कोई बनावटी चाल से नहीं चलती यह विश्वास रखें। मेरी इस ज़बान से तो मेरे दिल की सच्ची भावनाएँ ही निकलती हैं।

(उर्सुला का पुनः प्रवेश)

उर्सुला : श्रीमती, अब तुम्हें तैयार हो जाना चाहिए। क्योंकि राजकुमार, काउण्ट क्लॉडिओ, बैनेडिक, डॉन जौन और शहर के सभी शूर-वीर और अच्छे व्यक्ति गिरजाघर में तुम्हारी शादी के उत्सव में भाग लेने के लिए आ चुके हैं।

हेरो : मेरी प्यारी मार्गरेट और उर्सुला! कृपया कपड़े पहनाने में मेरी मदद करो।

दृश्य 5

(लिओनेटो के घर में एक दूसरा कमरा।
डॉगबैरी और वर्गीज़ के साथ लिओनेटो का प्रवेश)

लिओनेटो : क्यों प्यारे दोस्त! किसलिए आना हुआ?

डॉगबैरी : श्रीमान्! मैं एकान्त में आपसे कुछ ऐसी बातें करना चाहता हूँ जिनसे आपका भी बहुत कुछ सम्बन्ध है।

लिओनेटो : अच्छा, तो जितने कम समय में कह सको, कहो, क्योंकि तुम तो जानते ही हो कि मैं बहुत व्यस्त हूँ।

डॉगबैरी : अच्छा, तो श्रीमान्! बात यह है।

वर्गीज़ : जी हाँ, बात यह है।

लिओनेटो : लेकिन क्या बात है मेरे भाई! कुछ बताओ तो सही।

डॉगबैरी : मेरे दोस्त वर्गीज़ विषय से कुछ बाहर बोलते ही हैं, आखिर तो बुड्ढे आदमी हैं। फिर जैसी मैं चाहता हूँ उतनी तीव्र बुद्धि उनकी है लेकिन फिर भी बहुत ईमानदार और काबिल आदमी हैं।

वर्गीज़ : हाँ, भगवान् की मेहरबानी है, मैं तो उतना ही अच्छा हूँ जैसा एक बुड्ढा और ईमानदार आदमी होता है।

डॉगबैरी : इस तरह की तुलना खराब है। इसके अलावा तुम्हें संक्षेप में किसी बात

को कहना आना चाहिए।

लिओनेटो : सच दोस्तो! तुम तो सिर चाटनेवाले हो।

डॉगबैरी : बड़ी मेहरबानी है आपकी, जो ऐसा कहते हैं। हम तो राजकुमार के राज्य में मामूली-से अफसर हैं। सच कहता हूँ श्रीमान्! अगर मुझे एक राजा के-से अधिकार होते और कुछ भी करने की आज़ादी होती, तो मैं अपनी इस सारी आदत को आपके सामने पूरी तरह खोलता।

लिओनेटो : अच्छा तो पूरी तरह सिर चाटो, अपनी सारी योग्यता को मेरे ऊपर खर्च कर डालो। समझे?

डॉगबैरी : हाँ, यह गुण हज़ार गुना होता तो भी मैं आपसे यही प्रार्थना करता, कि एक गरीब आदमी को खुलकर अपनी बात कहने दें क्योंकि यह सुनकर मुझे बहुत खुशी है कि मैसिना में श्रीमान् का नाम चारों ओर पुजता है।

वर्गीज़ : मुझे भी इस बात की खुशी है।

लिओनेटो : लेकिन मैं अब यह जानना चाहूँगा कि आखिर तुम कहना क्या चाहते हो।

वर्गीज़ : श्रीमान्, हमें क्षमा करें। कल रात को हमारे पहरेदारों ने शहर के छँटे हुए दो बदमाशों को गिरफ्तार कर लिया है।

डॉगबैरी : मेरा प्यारा दोस्त वर्गीज़ अच्छा आदमी है श्रीमान्! यद्यपि वह कभी चुप नहीं रह सकता। क्या आपने एक कहावत सुनी है श्रीमान, कि आयु हो साठ्या, बुद्धि होय नाठ्या। वाह दोस्त! भगवान् मेहरबान रहे। यह दुनिया तो रहने और सीखने के लिए है। बहुत अच्छा कहा, वाह, शाबाश। क्या कहा कि भगवान बहुत अच्छा आदमी है यानी इस दुनिया में कोई खराबी नहीं है? जो दो आदमी घोड़े की सवारी करना चाहते हैं, तो किसी को तो पीछे बैठना ही पड़ता है? सच श्रीमान्! मेरा दोस्त बड़ा आदमी है। ऐसा आपको दुनिया में ढूँढने से नहीं मिलेगा। आप तो जानते ही हैं कि दुनिया के सभी आदमियों में एक-सी अक्ल नहीं हो सकती। फिर भी भगवान् की तो पूजा करनी ही चाहिए, क्योंकि उसी ने तो सबको बनाया है। जो कुछ भी हम हैं, उसके लिए उसे धन्यवाद देना हमारा कर्तव्य है। अफसोस है दोस्त!

लिओनेटो : ठीक कहते हो दोस्त! वह तुमसे कहीं कम अक्ल रखता है।

डॉगबैरी : ये तो भगवान् की दी हुई चीज़ें हैं, इनमें क्या शिकायत।

लिओनेटो : अच्छा तो अब मुझे चलना चाहिए।

डॉगबैरी : एक शब्द और सुन जाइए। हमारे पहरेदारों ने दो बदमाशों को शुबहे में पकड़ा है और हम चाहते हैं कि आज ही सुबह आपके सामने उनकी जाँच-पड़ताल हो जाए।

लिओनेटो : तो फिर तुम्हीं उनसे पूछताछ कर लो और फिर जो भी नतीजा निकालो

वह मुझसे आकर कहना। अब तुम तो जानते ही हो, मुझे बहुत देरी हो रही है।

डॉगबैरी : बस इतना ही पर्याप्त है।

लिओनेटो : जाने से पहले थोड़ी शराब तो ले लो, अच्छा अलविदा।

(एक दूत का प्रवेश)

दूत : मेरे स्वामी! वे आपकी पुत्री की शादी के लिए आपका इन्तज़ार कर रहे हैं।

लिओनेटो : अच्छा, मैं पूरी तरह तैयार हूँ, अभी आता हूँ।

(लिओनेटो और दूत चले जाते हैं।)

डॉगबैरी : जाओ, दोस्त! जाओ, तुम तो 'फ्रांसिस सीकोल' के पास जाओ और उससे कहो कि वह अपनी दवात-कलम जेल पर ले आए। अब हम इन बदमाशों की जाँच-पड़ताल करेंगे।

वर्गीज़ : और बड़ी ही होशियारी से हमें यह काम करना चाहिए।

डॉगबैरी : अक्ल और होशियारी तो हम इसमें पूरी लगा देंगे, मैं तुमसे विश्वास के साथ कहता हूँ। मैं हूँ जो पूछताछ में उनके अन्दर के एक-एक कोने को टटोल लूँगा। बस अब तो 'सीकोल' को जेल आ जाना चाहिए, जिससे वह सारी तहकीकात को लिख ले।

(जाते हैं।)

चौथा अंक

दृश्य 1

(गिरजाघर)

(डॉन पैड्रो, डॉन जौन, लिओनेटो, फ्रायर फ्रैन्सिस, क्लॉडिओ, बैनेडिक, हेरो और बिएट्रिस का कुछ सेवकों के साथ प्रवेश)

लिओनेटो : आओ, फ्रायर फ्रैन्सिस! सीधी तरह से थोड़ी-सी बातें बोलकर इनकी शादी कर दो। फिर वैवाहिक जीवन में किन कर्तव्यों का पालन करना चाहिए, ये सब कुछ बाद में बतलाते रहना।

फ्रायर : अच्छा, काउण्ट क्लॉडिओ! इस कन्या से शादी करने के लिए कृपया आगे आओ।

क्लॉडिओ : नहीं।

लिओनेटो : तुमने उलटी तरह से बात कही है फ्रायर। शादी तो तुम्हीं को करनी है, क्लॉडिओ के साथ तो हेरो की शादी होनी है।

फ्रायर : देवी! काउण्ट के साथ तुम्हारी शादी का गठबन्धन किए जाने के लिए यहाँ आओ।

हेरो : अच्छा, आई।

फ्रायर : क्यों, अगर तुममें से किसी के भी दिल में इस शादी के खिलाफ शिकायत है, तो मुझसे साफ कहो। नहीं तो तुम्हारी आत्माओं को कभी मुक्ति नहीं मिलेगी।

क्लॉडिओ : हेरो, क्या तुम्हें कोई शिकायत है?

हेरो : नहीं, मेरे स्वामी!

फ्रायर : काउण्ट! तुम्हें कोई शिकायत है?

लिओनेटो : मैं काउण्ट से भी 'नहीं' का जवाब दिलवाने की हिम्मत रखता हूँ।

क्लॉडिओ : ओह! आदमी किस-किस काम को करने की हिम्मत करता है! क्या-क्या

काम आदमी कर सकता है! क्या-क्या वह रोज़ करता है! लेकिन अफसोस कि जो भी वह करता है उसे पूरी तरह जानता नहीं।

बैनेडिक : वाह प्यारे! तुमने तो विस्मयादिबोधक चिह्नों की भरमार लगा दी। अच्छा तो फिर मैं भी इनमें अपनी तरफ से दो-तीन जोड़ देता हूँ जैसे आह! हा! हे!

क्लॉडिओ : फ़ायर! थोड़ा बगल में हो जाइए।

(लिओनेटो से) क्यों पिता जी! क्या आप अपनी इच्छा और सच्ची आत्मा से अपनी पुत्री का हाथ मेरे हाथों में दे रहे हैं?

लिओनेटो : हाँ, उतनी ही स्वेच्छा से बेटा, जितनी स्वेच्छा से भगवान् ने इसे मुझे दिया है।

क्लॉडिओ : फिर इस कीमती उपहार के बदले मुझे आपको क्या देना पड़ेगा, जो आपस में इनकी कीमत बराबर कर दे?

डॉन पैड्रो : कुछ नहीं, जब तक तुम उसे ही वापस न करो।

क्लॉडिओ : मेरे प्यारे राजकुमार! तुमने मुझे कृतज्ञता का पाठ पढ़ाया था। उसी का पालन करते हुए मैं हेरो को वापस उसके पिता को ही देता हूँ। पिताजी! आप इसे स्वीकार करें। अब इस सड़े-गले फल को अपने किसी अच्छे मित्र को मत देना। यह जो कुछ अच्छी और चरित्रवान् लगती है, यह सब इसका ऊपरी ढकोसला है। देखो तो, यहाँ कैसी सुशील सुकुमारी की तरह यह लजा रही है। ओह! मक्कारी और बदमाशी भी अपने आपको शराफत के पर्दे के नीचे छिपा लेती है। देखो तो इसके गालों पर जो खून दौड़ रहा है, वह इसको कितनी पवित्र और चरित्रवान् बतला रहा है। अब आप लोग जो इस बाहरी ढकोसले को देख रहे हैं इसकी सच्चाई पर विश्वास नहीं कर लेंगे? लेकिन सच बात मुझसे पूछो, वह इतनी चरित्रवान् सुकुमारी नहीं है। इसने तो अपना चरित्र बिगाड़कर आवारापन से जीवन का आनन्द लूटा है। यह देख लो इसके चेहरे पर यह सच्चाई और सीधेपन की छाया नहीं है, बल्कि इसका पाप उठकर पुकार रहा है।

लिओनेटो : क्या कह रहे हैं काउण्ट!

क्लॉडिओ : मैं यही कहना चाहता हूँ कि इससे मेरी शादी नहीं होगी। मैं कभी भी ऐसी खुली आवारा औरत को, जिसको सब जानते हैं, अपनी पत्नी नहीं बना सकता।

लिओनेटो : काउण्ट! अगर आपने अपने ही सबूतों से हेरो के गुण और दोषों का फैसला कर डाला है और उसकी इतनी बेइज़्ज़ती करके उसके चरित्र पर दोष लगाया है तो—

क्लॉडिओ : हाँ, मैं जानता हूँ कि तुम क्या कहना चाहते हो। मैंने उसको अच्छी तरह जान लिया है। अगर तुम यह कहना चाहते हो कि मुझे शादी से पहले ही अपना पति मानने के नाते, उसने मेरे साथ स्त्री जैसा सारा व्यवहार शुरू कर

दिया था, इसीलिए वह पाप की भागी है, नहीं लिओनेटो! मैंने ऐसी गन्दी बातों के लिए कभी भी उसे उत्तेजित नहीं किया, बल्कि जैसे एक बहिन-भाई का प्यार होता है, वैसी ही सच्चाई और पूरी शिष्टता के साथ मैं उसे प्यार करता था।

हेरो : तो क्या मैं हर समय तुम्हें झूठी और ढकोसलेबाज़ लगती रही?

क्लॉडिओ : धिक्कार है तुझ पर, ओ जालसाज़ औरत! ठीक है, मैं तेरी इस मक्कारी को सारी दुनिया को लिखकर बताऊँगा। तुम अपनी इस शक्ल-सूरत से और चालढाल से 'डाइना देवी' की तरह पवित्र और चरित्रवान् लगती हो, इतनी स्वच्छ और सुन्दर मालूम होती हो जैसे कोई सुन्दर फूल, जिसको हवा ने भी न छुआ हो! लेकिन तुम तो प्रेम और विलास की देवी 'वीनस' से भी अधिक विलासी स्वभाव की हो और कहाँ तक कहूँ! तुम उन पशुओं की तरह गिरी हुई और शारीरिक भोग-विलास की चाहनेवाली हो, पशुओं की तरह जिनको कोई ऐसी सख्त मेहनत नहीं करनी पड़ती जो उनकी इस भूख को मिटाती रहे।

हेरो : क्या आपकी तबीयत ठीक है काउण्ट! जो आप इस तरह पागलपन से ये बातें करते जा रहे हैं?

लिओनेटो : मेरे प्रिय राजकुमार! आप क्यों चुप हैं?

डॉन पैड्रो : क्या बोलूँ मैं! मेरी तो सारी इज़्ज़त खतम हो गई, क्योंकि मैंने ही ऐसी आवारा औरत से अपने दोस्त की शादी तय की थी।

लिओनेटो : क्या, क्या कह रहे हैं राजकुमार? मैं कोई स्वप्न देख रहा हूँ या सचमुच मेरे कान ये बातें सुन रहे हैं?

डॉन जौन : श्रीमान्! ये बातें जो आप सुन रहे हैं, सच हैं।

बैनेडिक : क्या है यह सब कुछ झगड़ा? यह तो कोई शादी के उत्सव जैसा लगता नहीं है।

हेरो : सच है? हे भगवान्! मेरी रक्षा करो।

क्लॉडिओ : लिओनेटो! यह बताओ कि मैं तुम्हारे सामने खड़ा हूँ या नहीं? यह राजकुमार हैं या दूसरे आदमी हैं? ये उनके भाई हैं या कोई और हैं? यह हेरो है या नहीं? तो फिर क्या हमारी आँखें हमारी नहीं हैं जो तुम स्वप्न की बात कर रहे हो।

लिओनेटो : ठीक है, सब मेरे सामने हैं काउण्ट क्लॉडिओ! लेकिन इससे क्या?

क्लॉडिओ : अच्छा, तो फिर अपनी पुत्री से मुझे एक सवाल पूछने की इजाज़त दो और जैसा भी पिता होने के नाते तुम्हारा उस पर अधिकार है, उसी से उसे आज्ञा दो कि वह मेरे सवाल का जवाब दे।

लिओनेटो : हाँ, मेरी बेटी हेरो! मेरी बेटी होने के नाते मैं तुमसे कहता हूँ कि तुम, जो भी तुमसे पूछा जाए, उसका जवाब दो।

हेरो : हे भगवान्! मेरी लाज रखो! यह मेरे ऊपर कैसी आफ़त है! क्या होनेवाला है इस पूछताछ से? क्या चाहते हो तुम?

क्लॉडिओ : बस यही कि जो कुछ भी मैं पूछूँ, उस पर तुम मुझे सच-सच बता दो कि तुम क्या हो।

हेरो : क्या मैं वही हेरो नहीं हूँ? कौन है जो मेरे नाम पर इस तरह कालिख पोत सकता है?

क्लॉडिओ : बड़ी खुशी की बात है, तुम हेरो बनी रहो। लेकिन जानती हो कि हेरो ही अपने कामों से हेरो के सारे गुणों पर पानी फेर सकती है। बताओ, कौन आदमी था वह, जो तुमसे कल रात को बात कर रहा था। जानती हो, जो तुम्हारी खिड़की के पास बारह और एक के बीच खड़ा हुआ था? अब अगर तुम अपने आपको बहुत चरित्रवान् और सच्ची समझती हो तो मुझे इस बात का जवाब दो।

हेरो : नहीं तो, मैंने तो किसी से बातें नहीं की थीं श्रीमान्!

डॉन पैड्रो : तो फिर क्या यह सब झूठ है? मुझे तुम्हारे इस तरह मना करने पर यही लगता है कि अवश्य तुम्हारा चरित्र बहुत गिर चुका है। लिओनेटो! मुझे बड़ा अफसोस है, तुम सुनो। मैं अपने सारे सम्मान को सामने रख कर तुमसे सच कह रहा हूँ कि मैंने, मेरे भाई और इस अभागे काउण्ट ने, सबने मिलकर उसको बारह और एक बजे के बीच में देखा था और खिड़की के पास खड़े हुए एक बदमाश से बातें करते हुए खुद अपने कानों से सुना था, जिसने एक आवारा और बेशर्म बदमाश की तरह उन सब मुलाकातों के बारे में कहा, जो ये न जाने कब से छिप-छिपकर किया करते थे।

डॉन जौन : ओफ! धिक्कार है, धिक्कार है! श्रीमान्! जो भी उस बदमाश ने कहा, उसे यहाँ उसी तरह कहना सम्भव नहीं है। अगर आप सुनेंगे तो आपको क्रोध आ जाएगा। आप उन गन्दी बातों को सुन नहीं पाएँगे। फिर दुनिया की ऐसी कोई भाषा नहीं है, जिसके शब्दों का प्रयोग करके वह बात शिष्टता के साथ कही जा सके। इसलिए सुन्दर कुमारी! आपकी इस तरह की बातें सुनकर मुझे बड़ा अफसोस है।

क्लॉडिओ : ओ हेरो! यह बता, तू क्या थी और क्या हो गई। काश! जैसा तेरा बाहरी रूप सुन्दर है, उससे आधे ही तेरे विचार भी पवित्र और सुन्दर होते! अब क्या, अच्छा, ओ सुन्दर और घृणित स्त्री! मैं जाता हूँ, अलविदा! ओ घोर पापरूप और पापयुक्त रूपवान् स्त्री! अलविदा! अब से तेरे ही कारण मैं कभी भी किसी से प्रेम नहीं करूँगा और किसी भी सुन्दर वस्तु को देखकर फौरन समझ जाऊँगा कि यह दुःख देने वाली है। अब कभी भी सुन्दरता की ओर मेरा हृदय आकृष्ट नहीं हो सकेगा।

लिओनेटो : ओह! क्या मेरे पेट में भोंकने के लिए इस समय किसी की कटार बाहर नहीं निकली हुई है?

(हेरो बेहोश हो जाती है।)

बिएट्रिस : क्या हुआ? बहिन हेरो! क्यों! तुम इस बेहोशी में क्यों हो रही हो मेरी बहिन?

डॉन जौन : तो अब हमें चलना चाहिए। अपने बारे में इन्हीं बातों को सुनकर ही बेहोश हो गई यह।

(डॉन पैड्रो, जॉन डौन और क्लॉडिओ का प्रस्थान)

बैनेडिक : क्यों, कैसी तबियत है हेरो की?

बिएट्रिस : मुझे तो लगता है कि यह मर गई। चाचाजी, आइए, हेरो! हेरो! बोलो हेरो! चाचाजी, बैनेडिक! फ्रायर!

लिओनेटो : ओ दैव! अब जो अपना पल्ला तूने इसके ऊपर डाल दिया है, उसे मत उठाना भगवान्! मौत ही इसके पापों को ठीक तरह ढक सकती है।

बिएट्रिस : बहिन हेरो! बोलो बहिन!

फ्रायर : धीरज रखो श्रीमती!

लिओनेटो : ओ! क्या अब भी तू उठकर हमारे सामने खड़ी हो सकती है?

फ्रायर : क्या हुआ, क्यों नहीं खड़ी रह सकती है श्रीमान्?

लिओनेटो : तुम यह पूछते हो कि क्यों नहीं खड़ी रह सकती? क्या इस संसार का हर प्राणी उसकी तरफ घृणा से नहीं थूकेगा? क्या उस बात को जिसे इसकी आँखें साफ बतला रही हैं यह किसी तरह झुठा सकती है? ओ हेरो! चली जा इस संसार से। मत खोल अपनी इन आँखों को। ओह, हेरो! अगर मैं यह जानता कि तू इतनी जल्दी नहीं मरेगी और इस पाप को सिर पर उठाए, फिर अपने पैरों पर खड़ी हो जाएगी, तो मैं उसी समय, जब तेरे ऊपर ये दोष लगाए गए थे, तेरा अपने हाथों से खून कर डालता। मैं कितना मूर्ख था, जो मैंने यह सोचा कि भगवान् की दी हुई यह मेरी एक ही तो औलाद है, इसे कैसे मसल डालूँ! कैसा नादान था मैं! जो भगवान् के न्याय पर भी मन ही मन दुःखी हो रहा था! लेकिन अब मुझे ऐसा लग रहा है कि भगवान् ने मुझे इतना भी क्यों दिया? मेरी यह औलाद भी न होती तो कितना सुखी रहता। ओ हेरो! तेरी सुन्दरता ने क्यों मेरी आँखों को तेरी तरफ खींचा, क्यों मेरे हृदय ने तुझे चाहा? ओह! भगवान्! तू मेरी पुत्री होने की बजाय किसी भिखारिन की पुत्री क्यों न हुई, जिसको मैं कहीं पड़ी देखकर उठा लाया होता और पालता। तब यदि तेरे चरित्र पर इस तरह के दोष मंढ़े जाते, यदि तू इस पाप की भागिन होती, तो कम से कम मैं यह तो कह पाता कि तू मेरी औलाद नहीं है और इसीलिए तुझमें मेरे संस्कार नहीं हैं, बल्कि यह पाप तो किसी दूसरे माँ-बाप के संस्कारों के फलस्वरूप हैं। लेकिन अब, ओ दैव! जिसको मैंने अपनी कहा, और अपनी कहकर प्यार किया, अपनी कहकर उसकी हर जगह प्रशंसा की, और जिस पर मुझे इतना गर्व था

कि मैंने उसके लिए अपनी कभी परवाह नहीं की, और उसको सबसे पहले गिना, वही अपनी होकर हे भगवान्! क्यों इस पाप के गड्ढे में गिर गई? क्यों वह इस पाप से काली हो गई कि समुद्र का पूरा पानी भी इस कालिख को नहीं धो सकता, और न उसका सारा नमक इसके पापी शरीर को पतन से बचा सकता है।

बैनेडिक : श्रीमान्! धीरज रखिए! सच पूछो तो मैं इतने आश्चर्य में पड़ गया हूँ कि कुछ कहते ही नहीं बनता।

बिएट्रिस : मैं अपनी शपथ खाकर कहती हूँ कि मेरी बहिन हेरो इस पाप की भागिन नहीं है। अगर यह झूठ हो तो मेरी आत्मा को कभी भी शान्ति न मिले।

बैनेडिक : क्यों श्रीमती! कल रात को तुम तो हेरो के पास ही सोई थीं?

बिएट्रिस : नहीं, कल रात ही नहीं सोई थी, नहीं तो पूरे साल-भर हमेशा मैं अपनी बहिन के साथ सोती रही हूँ।

लिओनेटो : बस इससे तो और भी साबित हो गया। तुम्हारे यह बताने से तो और भी पक्की तरह यह बात मेरे दिल में बैठ गई। क्या दोनों राजकुमार और वह क्लॉडिओ जो इसे इतना प्यार करता था कि उसकी बदनामी तो करना दूर रहा बल्कि उसके लिए भर-भर आँसू रोता था, क्या वे सभी झूठ बोल सकते हैं? छोड़ दो उसे, मरने दो। आ जाओ बिएट्रिस!

फ्रायर : अब थोड़ी मेरी बात भी सुनो, क्योंकि अब तक मैं चुप रहा हूँ, और चूँकि मैं गम्भीरता से हेरो की सारी क्रियाएँ देखता रहा हूँ। इसलिए जैसी बात चल रही थी वैसी ही मैंने चलने दी थी। मैंने देखा कि एक बार तो उसके चेहरे पर क्रोध उतर आया था, लेकिन दूसरे ही क्षण एक साथ वह एक निरपराधी की तरह भयभीत हो उठी। उसकी आँखों में क्रोध की वह आग जल उठी थी, जो उन श्रेष्ठ व्यक्तियों के सारे आरोपों को जलाकर ख़ाक कर देती, जिनसे उन्होंने उसकी इज़्ज़त पर हमला किया था। मुझे निरा मूर्ख कहना, अगर मेरी यह बात झूठ निकल आए तो! और तब ही मैंने जीवन में जितना भी पढ़ा-लिखा है या देखा है उसे बेकार समझना। यह समझना कि मेरा अनुभव गलत है। मैं फिर कहता हूँ कि यह बेचारी लड़की किसी ज़बरदस्त गलतफहमी में पिस गई है, यह बिलकुल निर्दोष है। यदि यह बात ठीक न हो, तो फिर मेरे इस बुढ़ापे पर और मेरे इस पवित्र पद पर घृणा से थूकना।

लिओनेटो : तुम्हारी बात गलत है फ्रायर! क्या तुम यह नहीं जानते कि हेरो स्वयं अपने दोषों को अस्वीकार नहीं करती है? अब जो कुछ भी गुण उसमें बाकी बचे हैं, उनके कारण, अपने इस पाप के बोझ को, झूठ बोलकर, और भी नहीं बढ़ाना चाहिए। तब फ्रायर! जब खुले आम उसकी सारी भ्रष्टता का भण्डा फोड़ हो गया, तब तुम क्यों उसके दोषों पर पर्दा डालने का प्रयत्न कर रहे हो?

फ्रायर : कौन आदमी है हेरो! जिसके बारे में ये लोग तुम्हें बदनाम कर रहे हैं?

हेरो : आप मेरे ऊपर यह दोषारोपण करनेवालों से पूछें, क्योंकि मुझे तो पता नहीं कि वह कौन आदमी है। ओह! भगवान् मेरे पापों को कभी क्षमा न करे, यदि मैंने किसी भी आदमी से इस तरह के सम्बन्ध रखे हों, जो मेरे चरित्र पर कालिख लगाएँ। ओ मेरे पिताजी! अगर आप किसी भी तरह यह साबित कर दें, कि कल आधी रात को, या और किसी रात को, मैंने किसी भी आदमी से कोई बात की है, तो फिर मुझे घर से निकाल देना, मुझसे जीवन-भर घृणा करना, इतना ही नहीं, मुझे अपने पैरों के नीचे कुचलकर मार डालना।

फ्रायर : तभी तो मैं कहता हूँ कि उन लोगों को कोई ज़बरदस्त गलतफहमी हो गई है।

बैनेडिक : लेकिन उनमें से दो व्यक्ति तो बड़े प्रतिष्ठित थे, जो चाहकर झूठ बोल ही नहीं सकते थे। लेकिन अगर उन्हें कोई गलतफहमी ही हुई है, तो यह उस रखैल के बेटे डॉन जौन का काम ही हो सकता है, क्योंकि उसी का दिमाग इस तरह के षड्यन्त्रों में लगा रहता है।

लिओनेटो : मुझे तो कुछ सच्चाई मालूम ही नहीं। लेकिन इतना मैं कहता हूँ कि अगर जो कुछ भी उन्होंने कहा है, सच निकला, तो मैं अपने हाथ से इस हेरो के टुकड़े-टुकड़े कर डालूँगा। लेकिन अगर उन्होंने गलती से यह सारी बदनामी की है, तो चाहे वे राजकुमार ही क्यों न हो, इसका बदला मैं पूरी तरह से उनसे चुकाऊँगा क्योंकि अभी मेरे शरीर में इतनी ताकत है और फिर दिमाग भी मेरा किसी तरह कम तेज़ नहीं है; न किसी दुर्भाग्य ने मुझे इतना गरीब ही बना दिया है और न मेरे ऐसे बुरे दिन आ गए हैं कि मेरे कोई भी साथी न हों, जिनके बल पर मैं इन लोगों से बदला न ले सकूँ। मेरे पास ताकत, धन, साधन और इस काम में हाथ बटानेवाले साथी सभी चीज़ें हैं।

फ्रायर : सब्र रखो और इस मामले में जैसा मैं बताऊँ वैसा काम करो। तुम्हारी पुत्री हेरो के बारे में तो लोग यह जानते ही हैं कि वह बेहोश होकर मर गई, और अगर नहीं जानते हों तो इस तरह की आम अफवाह फैला दो और हेरो को किसी ऐसी जगह छिपा दो, जहाँ से किसी को उसके बारे में कुछ पता न चल सके। फिर उसकी मौत पर रोना-पीटना सब कुछ करो, यहाँ तक कि कब्रिस्तान में उसके नाम का एक पत्थर भी लगवा दो।

लिओनेटो : क्यों, इससे क्या फायदा होगा?

फ्रायर : इससे फायदा? तो सुनो, अगर यह तरकीब ठीक तरह कामयाब हो गई, तो उसकी मृत्यु के समाचार से सबको बड़ा धक्का-सा लगेगा और एक साथ सबके दिलों में उसके प्रति बैठी हुई घृणा सहानुभूति के रूप में बदल जाएगी। लेकिन इसी आशा से मैं यह काम नहीं करवा रहा हूँ, जो तुम्हें कुछ अजीब-सा

और बेकार-सा मालूम होता है। मेरे दिमाग में इससे भी बड़ी आशा है। क्या? वह यह कि जिस समय उस बेचारी लड़की पर चारों तरफ से इस तरह दोषारोपण होने लगा तो उसका हृदय चलते-चलते बन्द हो गया, इस तरह उसकी मृत्यु की बात सुनकर कौन ऐसा है जो एक बार तो अपनी आँखों से सहानुभूति के दो आँसू न गिरा दे और तब सब यह भी कहने लगेंगे कि हेरो निर्दोष थी क्योंकि हमेशा यह होता है कि हम आदमी की क़दर तभी करते हैं, जब वह हमारे बीच नहीं रहता। जब तक वह रहता है हम उसके लिए अच्छा नहीं सोचते। लेकिन जब वह चला जाता है तब हम यह महसूस करते हैं कि कैसा आदमी था वह! यही विचार क्लॉडिओ के दिमाग में उठकर उसे बेचैन करेगा। जब उसे यह मालूम होगा कि उसी की विषैली बातों ने हेरो का खून कर दिया, तो एक बार तो हेरो का चित्र उसकी आँखों के सामने घूमने लगेगा और तब उसके सामने उसके गुण, उसका सौन्दर्य, उसका शील, दूने होकर उठेंगे और अगर उसके हृदय में कभी भी सच्चे प्रेम की लहरें उठी हैं, तो वह हेरो की मृत्यु पर रोने लगेगा और अपने आपको कोसता हुआ कहेगा कि यदि वह मानता भी था कि हेरो का चरित्र गिर चुका था, तो भी उसने उससे इस तरह की कठोर बातें क्यों कहीं, और उसने खुलेआम उसकी सारी इज़्ज़त ख़ाक में क्यों मिला दी? इसलिए अगर तुम मेरे बताए हुए रास्ते पर चलो, तो मैं तुम्हें विश्वास दिलाता हूँ, कि हमारी आशा से भी परे अच्छा परिणाम होगा और अगर किसी तरह हम अपने इस उद्देश्य में, कि हेरो के प्रति लोगों के हृदय में फैली घृणा को प्रेम और सहानुभूति के रूप में बदल दें, सफल न हुए, तो कम से कम उसकी मृत्यु की बात से, चारों तरफ उसके प्रति होनेवाली यह काली चर्चा तो बन्द हो जाएगी। नहीं तो लोग उसके इन दोषों की नित्यप्रति बातें किया करेंगे। फिर अगर यह कुछ भी नहीं होता है, तो कम से कम इस बात से उसके हृदय को तो कहीं अलग रहकर शान्ति मिलेगी! वह अपने जीवन के बाकी दिन धार्मिक रहकर. काट लेगी, जहाँ लोगों की घृणित बातों या उनके उपेक्षा भरे हुए चेहरे उसके पास तक नहीं पहुँच पाएँगे।

बैनेडिक : श्रीमान् लिओनेटो! तुम्हें फ्रायर की बात को मानना चाहिए। तुम तो जानते ही हो कि राजकुमार और क्लॉडिओ से मेरी घनिष्ठ मित्रता है। लेकिन मैं शपथ खाकर कहता हूँ, जिस तरह आत्मा शरीर के प्रति सच्ची होती है, उसी तरह मैं तुम्हारे प्रति सच्चा और वफादार रहकर, इस बात को किसी से नहीं कहूँगा।

लिओनेटो : ठीक है, मैं तो दुःख के समुद्र में बह रहा हूँ, अब बचने के लिए एक तिनके का भी सहारा मिलेगा तो मैं उसे पकड़ूँगा।

फ्रायर : मुझे इस बात की खुशी है कि तुम्हारी समझ में यह बात बैठ गई। कठिन बीमारियों की कठिन ही चिकित्सा होती है। आओ हेरो, अब कुछ समय के लिए तुम्हें यह समझ लेना चाहिए कि तुम मानो इस दुनिया में हो ही नहीं, क्योंकि

इसी से ही तुम बाद में सम्मान के साथ अपना जीवन काट सकोगी। धीरज रखना और अपने दुःखों को अन्दर ही अन्दर पीती रहना। मुझे तो यह विश्वास है कि तुम्हारी यह शादी कुछ दिनों के लिए ही टली है ।

(बैनेडिक और बिएट्रिस के सिवाय सभी जाते हैं।)

बैनेडिक : श्रीमती बिएट्रिस! क्या अभी तक तुम रो रही थीं?

बिएट्रिस : हाँ, और अधिक देर तक रोती रहूँगी मैं।

बैनेडिक : मैं चाहता हूँ कि तुम न रोओ।

बिएट्रिस : क्यों, आप क्यों चाहते हैं ऐसा? मैं अपनी मर्ज़ी से रो रही हूँ।

बैनेडिक : दिल से तो मुझे यही पक्की बात लगती है कि तुम्हारी बहिन बिलकुल निर्दोष है और उस पर झूठे दोष लादे गए हैं।

बिएट्रिस : आह! मैं उस आदमी को क्या नहीं दे सकती जो हेरो के प्रति हुए इस अन्याय को न्याय के रूप में बदल दे।

बैनेडिक : क्या मित्रता के इस काम को करने का कोई रास्ता है?

बिएट्रिस : हाँ, बड़ा आसान तरीका है। लेकिन मेरा कोई मित्र नहीं है जो इस काम को कर सके।

बैनेडिक : क्या किसी भी आदमी को यह काम करना सम्भव है?

बिएट्रिस : हाँ, हाँ काम तो आदमी का ही है यह, लेकिन दुर्भाग्यवश तुम्हारा-हमारा क्या सम्बन्ध है जो तुम अपने सिर पर इस आफ़त को मोल लो।

बैनेडिक : क्या तुम्हें यह बात अजीब लगती है कि दुनिया में सबसे अधिक मैं तुम्हें प्यार करता हूँ।

बिएट्रिस : जितनी और चीज़ें मुझे अजीब नहीं लगती हैं, उतनी यह भी अजीब नहीं लग रही है। इस पर तो मैं उतना ही विश्वास कर सकती हूँ, जितना मेरी अपनी बात पर, कि मैं तुमसे अधिक इस दुनिया में और किसी को प्यार नहीं करती। लेकिन जो कुछ भी मैं कहती हूँ, तुम्हें उस पर विश्वास करना आवश्यक भी नहीं है। लेकिन फिर भी मैं झूठ नहीं बोल रही हूँ। मत सोचो कि यह प्रेम-समर्पण मैं बड़ी गम्भीरतापूर्वक कर रही हूँ। लेकिन यह भी मत सोचो कि मैं इस प्रेम-समर्पण को अस्वीकार करती हूँ। अभी तो मैं हेरो के लिए इतनी दुःखी हूँ कि और कोई बात सोच ही नहीं सकती।

बैनेडिक : मैं अपनी तलवार उठाकर सौगन्ध खाता हूँ बिएट्रिस! तुम मुझसे प्रेम करती हो।

बिएट्रिस : इस तरह की सौगन्ध मत खाओ, नहीं तो, जहाँ से ये सौगन्धें निकलेंगी, वहीं इन्हें वापस ले जाना होगा।

बैनेडिक : मैं सच अपनी तलवार को साक्षी रखकर सौगन्ध खाता हूँ कि तुम मुझसे अवश्य प्रेम करती हो। और जो कोई भी यह कहेगा कि मैं तुम्हारे प्रेम के बदले

में अपना प्रेम नहीं देता हूँ, अपने शब्दों को वापस लेगा।

बिएट्रिस : क्या तुम अपनी सौगन्ध वापस नहीं लोगे?

बैनेडिक : किसी भी शर्त पर नहीं, मैं खुले रूप में कहता हूँ कि मैं तुम्हें प्यार करता हूँ।

बिएट्रिस : तो फिर भगवान् मुझे क्षमा करे।

बैनेडिक : क्षमा करे, क्यों किस अपराध पर प्रिय बिएट्रिस!

बिएट्रिस : सौभाग्य से तुमने मुझे बीच में ही रोक दिया, नहीं तो मैं अभी-अभी यह कहने जा रही थी कि मैं तुम्हें प्रेम करती हूँ।

बैनेडिक : कहो, प्रिय बिएट्रिस! खुले रूप से कहो।

बिएट्रिस : लेकिन मेरा दिल तो प्रेम से इतना भरा हुआ है कि यह कहने की तो ताकत मुझमें है ही नहीं।

बैनेडिक : तो फिर मैं तुम्हारे लिए कुछ भी करने को तैयार हूँ।

बिएट्रिस : अच्छा तो सबसे पहले क्लॉडिओ का खून कर दो।

बैनेडिक : क्या कहा? क्लॉडिओ का खून? यह तो सारी दुनिया के बदले में भी नहीं कर सकता।

बिएट्रिस : तो फिर इस तरह मना करने से श्रीमान्! आप काउण्ट की जगह पर मेरा खून करते हैं। बस अलविदा!

बैनेडिक : ठहरो, मेरी प्रिय बिएट्रिस!

बिएट्रिस : जहाँ तक मेरे हृदय का सम्बन्ध है, वह तो यों समझ लो कि यद्यपि मेरा शरीर यहाँ है, पर हृदय यहाँ नहीं है, क्योंकि अब उस पर तुम्हारा कोई अधिकार नहीं है। अब मैं जान गई कि तुम मुझसे प्रेम नहीं करते। कृपया मुझे जाने दो।

बैनेडिक : बिएट्रिस!

बिएट्रिस : मैं जाऊँगी।

बैनेडिक : बिएट्रिस! जाने से पहले एक दूसरे से समझौता कर लें।

बिएट्रिस : हाँ, बजाय मेरे दुश्मनों से लड़ने के, यह समझौता करना ही तुम्हारे चरित्र को अच्छी तरह व्यक्त करता है।

बैनेडिक : लेकिन क्या क्लॉडिओ तुम्हारा दुश्मन है?

बिएट्रिस : क्या मेरी बहिन के चरित्र पर इस तरह कीचड़ उछालकर उसने दुष्टता का काम नहीं किया है? ओह! काश मैं एक आदमी होती, तो फिर उस क्लॉडिओ से पूरा बदला चुकाती। ओह! कैसी नीचता है! शादी के वक्त तक तो इसे भरोसे में रखना कि सब ठीक है और फिर इस तरह बुरी-बुरी और गन्दी बातें करके उसे सबके सामने बदनाम करना, उसके चरित्र पर कालिख पोतना! ओह, भगवान्! तूने मुझे एक औरत के बजाय आदमी क्यों नहीं बनाया? तब मैं उसका गला घोंट देती और उसके दिल को निकालकर सबके सामने चबाकर खा जाती तब

मेरा बदला पूरा होता।

बैनेडिक : मेरी प्यारी बिएट्रिस! कृपया मेरी बात भी तो सुनो।

बिएट्रिस : बड़ी अच्छी बात कह दी कि रात के वक्त हेरो ने अपनी खिड़की से मुँह निकालकर किसी पराए आदमी से बातें की थीं!

बैनेडिक : लेकिन मेरी बात तो सुनो।

बिएट्रिस : मेरी बहिन की इतनी बदनामी हुई। वह बेचारी बरबाद हो गई।

बैनेडिक : बिएट्रिस!

बिएट्रिस : राजकुमार और काउण्ट, बड़ी इज़्ज़त वाले हैं। राजकुमारों जैसा ही व्यवहार है। इस शक्कर की कलंगी जैसे काउण्ट की गढ़ी-गढ़ाई अच्छी कहानी है। बड़ा शूरवीर है सचमुच। काश! मैं आदमी होती तब मैं इस बदमाश से दो-दो हाथ करती या मेरा ऐसा कोई शूरवीर मित्र होता जो मेरी इस इच्छा को पूरी करता। लेकिन आजकल वीरता कहाँ! अब तो वीरता सिर्फ थोथे गाल बजाने या जीभ चलाने में रह गई है। अब तो जो कोई अड़ियल झूठा होता है, और बढ़-बढ़कर बातें बनाता है वही हरक्यूलीस की तरह वीर समझा जाता है। लेकिन अब क्या हो सकता है! मैं कितना भी चाहूँ, तो भी मैं औरत से आदमी तो हो नहीं सकती? फिर क्यों न दुःख में सिसक-सिसककर अपने हृदय को मिटा दूँ!

बैनेडिक : ठहरो बिएट्रिस! मैं अपने सीधे हाथ की सौगन्ध खाकर कहता हूँ कि मैं तुमसे प्यार करता हूँ।

बिएट्रिस : अगर तुम मेरा प्यार ही हासिल करना चाहते हो, तो फिर अपने इस सीधे हाथ की सौगन्ध खाने की बजाय और किसी काम में लाओ!

बैनेडिक : लेकिन क्या तुम्हें इस पर पूरा विश्वास है कि काउण्ट क्लॉडिओ ने हेरो पर ये झूठे आरोप लगाए हैं?

बिएट्रिस : उतनी ही दृढ़ता से जिससे मैं विश्वास करती हूँ कि मुझमें आत्मा और मस्तिष्क है।

बैनेडिक : बस इतना ही मेरे लिए पर्याप्त है। अब मैं तुमसे वादा करता हूँ कि क्लॉडिओ से जाकर लड़ूँगा। पहले मैं तुम्हारे हाथ को चूमूँगा और फिर जाऊँगा। मैं तुम्हारे इस सुकुमार हाथ की सौगन्ध खाकर कहता हूँ कि क्लॉडिओ से मैं पूरा बदला चुका लूँगा। तो फिर अब जो भी काम मैं करूँ, उन्हीं के ऊपर मेरे प्रति कोई भी धारणा बनाना। जाओ और अपनी बहिन को धीरज दो। मैं यह बहाना करूँगा कि हेरो मर गई। अच्छा अलविदा!

(जाते हैं।)

दृश्य 2

*(जेल। डॉगबैरी, वर्गीज़ और सैक्सटन अपने चोगों
में और पहरेदार कॉनरेड और बोरेकिओ के साथ)*

डॉगबैरी : क्या सभी लोग उपस्थित हैं?

वर्गीज़ : सैक्सटन के लिए एक स्टूल और एक गद्‌दी ले आओ।

सैक्सटन : कौन-कौन अपराधी हैं?

डॉगबैरी : मैं और मेरा दोस्त लाए हैं, साहब!

वर्गीज़ : सच साहब, हमें इन अपराधियों की खोज-बीन करनी है और जो कुछ भी
निष्कर्ष निकले उसे लिओनेटो से कहना है।

सैक्सटन : ठीक है, लेकिन खोज-बीन करने के लिए अपराधी कौन-से हैं। अच्छा,
उन्हें हवलदार के सामने पेश करो।

डॉगबैरी : बहुत अच्छा, लाओ मेरे सामने उन्हें। अच्छा, दोस्त! क्या नाम है तुम्हारा?

बोरेकिओ : बोरेकिओ।

डॉगबैरी : अच्छा, इसका नाम लिख लो। अच्छा, तेरा क्या नाम है बे?

कॉनरेड : ए! बे-बे नहीं। मैं इज़्ज़तदार आदमी हूँ, श्रीमान् कहो। मेरा नाम कॉनरेड
है।

डॉगबैरी : अच्छा, इनका नाम लिख लो श्रीमान् कॉनरेड। क्या तुम दोनों भगवान्
के सेवक हो?

दोनों : जी हाँ श्रीमान्!

डॉगबैरी : अच्छा लिखो कि आशा है कि ये भगवान् को साक्षी रखकर सब काम
करेंगे। हाँ 'भगवान्' पहले लिखना, क्योंकि भगवान् बचाए, इसका नाम ऐसे ही,
बदमाशों के नामों से पहले न चला जाए। अच्छा अब श्रीमान्! यह पूरी तरह
साबित हो गया कि तुम बहुत ही कमीने गद्‌दार लोगों से किसी हालत में अच्छे
नहीं हो और इस निष्कर्ष पर हम बहुत जल्दी ही आ जाएँगे। अब क्या कहते
हो तुम बोलो।

कॉनरेड : श्रीमान्! हमारा तो यही कहना है कि हम न तो कमीन-बदमाश हैं और
न गद्‌दार हैं।

डॉगबैरी : ओह, बड़ा चालाक है, लेकिन मैं अभी इसे चक्कर में लेता हूँ। अच्छा,
यहाँ आओ तुम दोनों। मैं तुम्हारे कान में कुछ कहना चाहता हूँ। यह ख़याल
किया जाता है कि तुम बदमाश हो।

बोरेकिओ : लेकिन मैं आपसे कहता हूँ कि हम बदमाश नहीं हैं।

डॉगबैरी : बहुत ठीक! अच्छा अब दूर हटकर खड़े हो जाओ। भगवान् की सौगन्ध!
ये दोनों तो वही बातें कहते हैं। क्या तुमने कुछ गौर किया कि ये बदमाश हैं

या नहीं?

सैक्सटन : हवलदार! यह तरीका पूछताछ के लिए ठीक नहीं है। तुम्हें उन पहरेदारों को बुलवाना चाहिए जिन्होंने इन्हें पकड़ा है।

डॉगबैरी : ठीक है, यही सबसे जल्दी का तरीका है। अच्छा, तो पहरेदारों को मेरे सामने पेश करो। अच्छा दोस्तो! मैं राजकुमार के नाम की दोहाई देकर कहता हूँ कि तुम इन लोगों के अपराध बताओ।

पहला पहरेदार : इस कैदी ने कहा था कि राजकुमार का भाई डॉन जौन बहुत नीच आदमी है।

डॉगबैरी : लिखते जाओ इसे 'राजकुमार जौन, नीच' राजकुमार के भाई को इस तरह नीच कहना तो खुले षड्यन्त्र के बराबर है।

बोरेकिओ : हवलदार साहब—

डॉगबैरी : चुप रहो। मैं कहता हूँ मुझे तुम्हारी शक्ल से नफरत है।

सैक्सटन : अच्छा, और क्या कहते हुए सुना था तुमने इसको?

दूसरा पहरेदार : वह कह रहा था कि हेरो के ऊपर झूठे आरोप लगवाने के सिलसिले में डॉन जौन ने उसे एक हज़ार ड्यूकेट इनाम दिए थे।

डॉगबैरी : यह तो बिलकुल षड्यन्त्र है।

वर्गीज़ : सच, ऐसा ही है।

सैक्सटन : क्यों, और कोई बात?

पहला पहरेदार : हाँ, यही कि उसकी बातों में आकर क्लॉडिओ ने यह निश्चय किया कि वह सबके सामने हेरो को बुरा कहेगा और उसकी बदनामी करेगा, फिर शादी के लिए मना कर देगा।

डॉगबैरी : बदमाश! इस काम के लिए तो तुम्हें जन्म-कैद दी जाएगी।

सैक्सटन : और कोई बात?

पहरेदार : बस, यही सब कुछ हमने सुना था।

सैक्सटन : तुम इस बात को झुठला नहीं सकते क्योंकि इसके साथ दूसरा सबूत और है। आज सुबह ही डॉन जौन चुपचाप यहाँ से चला गया है। हेरो पर बिलकुल इसी तरह दोषारोपण हुआ था और इसी तरह क्लॉडिओ ने उससे शादी करना अस्वीकार किया था, जिससे वह दुःख के कारण फौरन मर गई। हवलदार! इन लोगों को बाँधकर लिओनेटो के सामने ले चलो! सबसे पहले मैं उसके पास जाऊँगा और इसके बारे में बताऊँगा।

डॉगबैरी : अच्छा, इनको हथकड़ियाँ पहना दो।

सैक्सटन : सिर्फ हाथों में ही पहनाना।

कॉनरेड : अलग हटो, बेवकूफ कहीं के!

डॉगबैरी : भगवान् बचाए! सैक्सटन कहाँ है? उससे यह भी लिखने को कहो कि

राजकुमार के राज्य के अफसर के लिए इसने 'बेवकूफ' शब्द का प्रयोग किया। तू बदमाश, गुण्डा कहीं का! लगा दो हथकड़ियाँ इनके!

कॉनरेड : दूर हटो, गधे कहीं के!

डॉगबैरी : क्या मेरी उम्र की और मेरे पद की तू कोई भी इज़्ज़त नहीं करता है? ओह, क्या अच्छा होता कि सैक्सटन यह भी लिख लेता। मैं और 'गधा'। ख़ैर, अब यह लिखा तो नहीं गया है लेकिन मैं तुम सब लोगों से कहता हूँ कि इस बात को याद रखना कि इसने मुझे गधा कहा है। बदमाश कहीं के! यह मैं पूरे सबूत के साथ बता दूँगा कि गुण्डागर्दी के सिवाय तुममें कुछ नहीं है। यह याद रखना कि मैं एक होशियार आदमी हूँ और इससे भी अधिक महत्त्व की बात है कि मैं एक अफसर हूँ, उससे भी अधिक महत्त्वपूर्ण कि मैं इस शहर का एक नागरिक हूँ, और इस सबसे अधिक महत्त्वपूर्ण यह कि मैं मैसिना का प्रतिष्ठित व्यक्ति हूँ। इसके अलावा मैं खूब कानून पढ़ा हुआ हूँ और एक मालदार आदमी हूँ जो अब की बजाय एक समय तो बहुत ही मालदार था। इससे और भी ज़्यादा ठाठ थे। मेरे पास अच्छे-अच्छे कपड़े हैं और काफी हैं। अच्छा, इस बदमाश को लाओ। ओह, क्या अच्छा होता अगर वह बात भी सैक्सटन लिख लेता कि इसने मुझे गधा कहा है!

(जाते हैं।)

पाँचवाँ अंक

दृश्य 1

(लिओनेटो के घर के सामने। लिओनेटो और एन्टोनिओ का प्रवेश)

एन्टोनिओ : अगर तुम इस तरह हर समय दुःखी रहोगे तो फिर शीघ्र ही इस दुनिया से उठ जाओगे। नहीं, नहीं ऐसा करना कहाँ तक ठीक है कि इस दुःख के पीछे आदमी की जान ही चली जाए।

लिओनेटो : बस, बस, मैं कहता हूँ मुझसे कुछ मत कहो। तुम्हारी बात मेरे ऊपर इस तरह पड़ रही है जैसे चलनी में पानी, जहाँ वह कभी नहीं ठहर सकता। नहीं, किसी को भी मुझे धीरज बँधाने की आवश्यकता नहीं है, सिर्फ वही मुझसे कुछ कहे जिसने मेरा-सा दुःख सहा है। मेरे सामने वह बाप तो लाकर खड़ा करो, जिसने अपनी सन्तान को इतना ही प्यार किया है, जितना मैंने, और फिर उसकी सारी खुशी दुःख की बड़ी-बड़ी लहरों से मानो मिट गई हो। ऐसा आदमी ही आकर मुझे धीरज दे। ओह! उसका हृदय भी इसी तरह दुःख की आग में जलता हुआ चीख उठे, वह हृदय जो मेरे दुःखी हृदय से किसी तरह कम न हो। अगर ऐसा आदमी इस महान् पीड़ा की आग में खड़ा होकर भी मुस्कराएगा, और अपने दुःख को अन्दर ही अन्दर पीकर शान्त हो जाएगा और फिर कहेगा—मेरे हृदय की पीड़ा! दूर हो जा। वह आदमी जो उन दार्शनिकों की बातों को, जो आधी रात के समय भी दीपक जलाकर जीवन के रहस्य पर चिन्तन किया करते हैं, मानकर अपने दुर्भाग्य को भूल जाएगा और अपने दुःख को चित्त की शान्ति के रूप में बदल लेगा, उसकी धीरज भरी हुई बातों को मैं सुनने और मानने के लिए पूरी तरह तैयार हूँ, लेकिन ऐसा कहाँ हो सकता है? कौन है इस दुनिया में जिसने इन अँगारों से अपने हृदय को इसी तरह जलाया होगा? लोग आते हैं। उन्होंने अपने जीवन में कभी दुःख देखा नहीं, लेकिन दूसरों को धीरज रखने की सलाह

देते हैं। लेकिन जब उनके ऊपर ही ये अँगारे बरसने लगते हैं, तो उनकी सारी बुद्धिमत्ता और धैर्य और ये डॉक्टरों जैसे नुस्खे, दुःख की आग के रूप में बदल जाते हैं। उनकी ये सलाहें वैसी ही हास्यास्पद और कमज़ोर लगती हैं जैसे किसी पागल मतवाले आदमी को रेशम के तागों से बाँधकर रखना, या किसी के दुःख को सिर्फ झाड़ने-फूँकने से ठीक करना। नहीं, नहीं, यह तो सब लोग अपना कर्तव्य-सा समझकर करते हैं कि दूसरों को दुःख के समय धीरज बँधाएँ, लेकिन उन पर आकर पड़ती है, तब उनके वे सारे उपदेश कहाँ जाते हैं! फिर उनमें इतनी शक्ति क्यों नहीं रहती, वे अपनी ही बातों पर विश्वास कर सकें। ओह! नहीं, नहीं, मुझे ये धीरज बँधाने के उपदेश मत दो। मेरे हृदय का दुःख इतना अधिक है कि किसी प्रकार के उपदेशों को कभी भी बरदाश्त नहीं कर सकता।

एन्टोनिओ : अगर ऐसा ही है, तो फिर एक बड़े आदमी और बच्चे में क्या फर्क है भाई!

लिओनेटो : बस-बस, मैं तुमसे प्रार्थना करता हूँ। यही मेरी स्वाभाविक भावनाएँ हैं, मैं इनसे ऊपर अपने आपको महात्मा नहीं गिनता। बताओ मुझे, कि ये दार्शनिक, जो हमेशा ईश्वर की वाणी में बोलते रहते हैं और संसार तथा मनुष्य जीवन के दुःख और क्लेशों को उपेक्षा की दृष्टि से देखते हैं, क्या कभी इनमें से, एक भी ऐसा हुआ है जो धीरज रखकर अपने दाँत के दर्द को भी सह सका हो?

एन्टोनिओ : लेकिन इन सारे दुःख का भार तुम ही अपने ऊपर क्यों उठाते हो, उन्हें भी तो कुछ उठाने दो, जिन्होंने तुम्हारे ऊपर यह लादा है और तुम्हारे जीवन को नष्ट करने का प्रयत्न किया है ।

लिओनेटो : अब तुम एक समझदार आदमी की तरह बोल रहे हो। अवश्य, मैं उन्हें कभी नहीं छोड़ूँगा। भाई! मेरी आत्मा पुकारकर मुझसे कह रही है कि हेरो पर झूठा दोषारोपण हुआ है। मैं उस राजकुमार और उसके साथी क्लॉडिओ तथा अन्य सभी से अपनी बेटी के सम्मान के लिए पूरा-पूरा बदला चुकाऊँगा।

एन्टोनिओ : वह देखो, राजकुमार और क्लॉडिओ जल्दी-जल्दी में इधर आ रहे हैं।

(डॉन पैड्रो और क्लॉडिओ का प्रवेश)

डॉन पैड्रो : नमस्कार!

क्लॉडिओ : आप दोनों को मेरा नमस्कार!

लिओनेटो : क्या आप मेरी बात सुनेंगे, श्रीमान्?

डॉन पैड्रो : नहीं लिओनेटो! हम इस समय जल्दी में हैं।

लिओनेटो : जल्दी में हैं श्रीमान ? क्या अब आप यहाँ से जाने के लिए इतनी जल्दी में हैं? पहले तो आपको इतनी जल्दी कभी नहीं होती थी, लेकिन वह कोई बात नहीं है।

डॉन पैड्रो : झगड़ा मत करो श्रीमान्!

एन्टोनिओ : क्या कहा? ओह! अगर झगड़ा करना हो इस हमारे लुटे हुए सारे सम्मान को वापस ला सकता तो राजकुमार! अब तक कुछ के सिर ज़मीन पर पड़े हुए दिखाई देते।

क्लॉडिओ : किसने लिओनेटो का सम्मान लूटा है?

लिओनेटो : तूने लूटा है, तू ओ धोखेबाज़! तूने! इस तरह अपना हाथ तलवार के हत्थे पर रखकर मत समझना कि मैं डर जाऊँगा। मैं तुमसे कभी भी नहीं डर सकता।

क्लॉडिओ : क्या? मेरे ऐसे हाथ को धिक्कार है श्रीमान्! जो आप जैसे बुजुर्ग पर उठ जाए! तलवार पर हाथ रखने का मेरा मतलब यह कभी नहीं था।

लिओनेटो : यह सब बेहूदी बातें हैं! मेरी तरफ घूर-घूरकर दाँत मत पीसना क्योंकि मैं कोई ऐसा कायर और मूर्ख बूढ़ा नहीं हूँ जो सिर्फ अपनी जवानी के ही गीत गाता फिरूँ या यह कहता हुआ सन्तोष कर लूँ कि अब क्या, जवानी के दिन वापस आ जाएँ तो मैं कुछ करके दिखाऊँ। क्लॉडिओ! याद रख ले और मैं तेरे मुँह पर कहता हूँ कि तूने मेरी बेटी पर झूठा दोषारोपण करके, मेरे और उसके सम्मान को इस तरह धूल में मिला दिया है कि मैं अपने इन सफेद बालों को और अपनी बुढ़ापे की इस टूटी हुई उम्र को भी भूलकर, एक बहादुर आदमी की तरह चुनौती देता हूँ कि तू मुझसे लड़ने के लिए आगे बढ़। मैं फिर एक बार कहता हूँ कि तूने ये सब झूठे दोष मेरी बेटी के उज्जवल चरित्र पर लादे हैं। पापी! देख, वह मेरी अभागी बेटी, तेरी ही इस धृष्टता से आज, अपने पूर्वजों की बगल में जाकर धरती के भीतर, आँखें मींचे हुए सदा के लिए सो गई है। तूने ही उसे इस तरह बदनाम करके मारा है।

क्लॉडिओ : मेरी धृष्टता?

लिओनेटो : हाँ तेरी धृष्टता।

डॉन पैड्रो : तुम्हारी बात गलत है श्रीमान्!

लिओनेटो : मेरे स्वामी! मैं एक ही झपट में अपनी सारी बात को साबित कर दूँगा। यह तो लड़ने में बहुत होशियार है, और फिर भरा-पूरा जवान है, लड़ाई का अभ्यास करता रहा है लेकिन मेरे सामने हिम्मत करके आए तब मैं आपको बताऊँ कि मैं क्या कह रहा हूँ।

क्लॉडिओ : नहीं, जाओ। मैं तुमसे नहीं लड़ूँगा।

लिओनेटो : लेकिन ऐसा कहने से तो क्या तू मुझसे इतनी जल्दी पीछा छुड़ा सकता है? तूने ओ कायर! तूने मेरी बेटी का खून किया है। अब आ, अब तो बेचारी वह निस्सहाय लड़की नहीं है, आदमी है, उसका खून कर।

एन्टोनिओ : एक नहीं दो आदमी, और वे इस जैसे लड़के नहीं, उन दोनों से मुकाबला करना होगा। लेकिन यह तो बाद में होगा। पहले तो मुझसे इसे टकराना है और

तब कहीं अगर यह विजयी रहा तो खुशी मनाएगा। ओ लड़के! आ मेरे सामने आ, अगर मैं आदमी हूँ तो अभी तुझे पछाड़कर तेरे सारे गर्व को चूर-चूर करता हूँ।

लिओनेटो : भाई—

एन्टोनिओ : इस समय चुप रहो भाई! भगवान् इस बात का साक्षी है कि मैं अपनी भतीजी को कितना प्यार करता था। इन बदमाशों ने उसके चरित्र पर खुले आम कीचड़ उछालकर उसकी हत्या की है और अब ये मेरे सामने आने की क्या इसी तरह हिम्मत नहीं कर रहे हैं जैसे मैं अपनी ज़बान से किसी ज़हरीले साँप को पकड़ने की हिम्मत नहीं कर सकता? कायर हैं ये, झूठे गाल बजानेवाले हैं, भाँड हैं।

लिओनेटो : लेकिन भाई एन्टोनिओ!—

एन्टोनिओ : ज़रा शान्त रहो भाई! क्या मैं यह नहीं जानता कि ये लोग कौन हैं और किस लायक हैं! मैं इन बदमाशों को, इन झूठे दगाबाज़ मक्कारों को, जो हमेशा हर आदमी की इज़्ज़त उतारने का ही पेशा करते हैं, अच्छी तरह जानता हूँ। ऐसे लोग भाँडों के-से कपड़े पहनते हैं और बढ़-बढ़कर बहादुरी की बातें करके यह दिखाते हैं कि वे कितने बहादुर हैं, जो कुछ क्षणों में ही अपने दुश्मन को ख़ाक में मिला देंगे। फिर इनमें अगर कुछ करने की हिम्मत होती तो न जाने ये क्या करते। लेकिन इनकी सभी बातें सिर्फ थोथी बातें ही रह जाती हैं, उनका अंजाम कुछ नहीं निकलता है।

लिओनेटो : लेकिन मेरे प्यारे भाई!

एन्टोनिओ : तुम मत फिकर करो भाई! तुम कुछ मत बोलो, मैं सब ठीक कर लूँगा।

डॉन पैड्रो : अच्छा श्रीमान्! अब और अधिक देर तक यहाँ ठहरकर हम आप लोगों की शान्ति में बाधा नहीं डालेंगे। मुझे तुम्हारी पुत्री की मृत्यु पर बहुत दुःख है, लेकिन फिर भी मैं एक इज़्ज़तदार आदमी होने के नाते यही कहूँगा, कि जो कोई भी दोष उस पर लगाए गए थे, सब ठीक थे और उनके पूरे-पूरे सबूत हमारे पास हैं।

लिओनेटो : श्रीमान्! श्रीमान्!!—

डॉन पैड्रो : बस, अब आपसे कुछ भी मैं नहीं सुनना चाहता।

लिओनेटो : क्या कुछ भी नहीं? अच्छा तो आओ भाई। अब नहीं तो बाद में इन्हें मेरी बात सुननी ही होगी।

एन्टोनिओ : अवश्य सुननी होगी, और किसी एक को इसके लिए हानि उठानी पड़ेगी।

(लिओनेटो और एन्टोनिओ का प्रस्थान)

डॉन पैड्रो : देखो, जिस आदमी को हम ढूँढ रहे थे वही यहाँ आ रहा है।

(बैनेडिक का प्रवेश)

क्लॉडिओ : कहिए श्रीमानू! क्या खबर है?

बैनेडिक : नमस्ते श्रीमानू!

डॉन पैड्रो : स्वागत है तुम्हारा। तुम अच्छे वक्त पर आ गए, नहीं तो अभी-अभी द्वन्द्वयुद्ध प्रारम्भ हो जाता।

क्लॉडिओ : ये दो बूढ़े जिनके मुँह के सब दाँत गिर गए हैं हमारी नाक काटने की बातें कर रहे हैं।

डॉन पैड्रो : एक तो लिओनेटो है और दूसरा उसका भाई है। तुम्हारा क्या ख़याल है? सच बात तो यह है कि अगर लड़ाई हो जाती तो फिर हमारी जवानी की ताकत उसको बहुत भारी पड़ती।

बैनेडिक : लेकिन बेकार की बात के लिए लड़ने में कोई बहादुरी नहीं है। मैं तो आप दोनों की तलाश में आया था।

क्लॉडिओ : हम भी तुम्हें हर जगह खोज रहे थे। हमारा चित्त आज बहुत दुःखी है और हम चाहते हैं कि तुम अपनी बेतुकी बातों से हमारा जी हलका करो। क्या हमारी चिन्ता दूर करने के लिए तुम अपने इस वाक्चातुर्य का प्रयोग नहीं करोगे?

बैनेडिक : लेकिन मेरा यह चातुर्य अभी मेरी तलवार की म्यान में रखा हुआ है। क्या मैं इसे बाहर निकालूँ?

डॉन पैड्रो : तो क्या तलवार की तरह इन अपनी बेतुकी बातों को भी तुम अपनी कमर से लटकाए फिरते हो?

क्लॉडिओ : लेकिन ऐसा तो कोई नहीं करता, हालाँकि बातें बहुत-से ऐसी ही करते हैं। लेकिन छोड़ो, बैनेडिक! अगर तुम्हारी ये बातें म्यान में रखी हुई हों तो निकाल लो। हम तो यही चाहते हैं कि जैसे गानेवाले अपने साज़ों को अपनी सन्दूकों से निकालकर बजाते हैं और चित्त बहलाते हैं, उसी तरह तुम भी अपना सारा वाक्चातुर्य निकालकर हमारा जी बहलाओ।

डॉन पैड्रो : लेकिन, देखते हो सचमुच इसका चेहरा बिलकुल पीला पड़ा हुआ है। क्या है यह? यह क्रोध के कारण है या बीमारी के कारण?

क्लॉडिओ : धीरज रखो बैनेडिक! कहावत सुनी है तुमने कि चिन्ता ने बिल्ली मार दी, लेकिन तुम तो इस चिन्ता को ही मारने के लिए काफी ताकतवर हो! बजाय इसके कि वह तुम्हें मार दे? तुम उसी का खून क्यों नहीं कर डालते!

बैनेडिक : क्या? अगर बात का यह तीर तुमने मेरी तरफ छोड़ा है तो फिर मैं इसको रोकूँगा और पूरी तरह रोकूँगा। अच्छा तो यह होता कि तुम अपना यह वार किसी और कमज़ोर आदमी पर करते।

क्लॉडिओ : अच्छा, इसको एक मौका और दिया जाना चाहिए। पहली बार तो इसकी सारी बात बीच में ही कट गई।

डॉन पैड्रो : लेकिन मैं तो सूरज की सौगन्ध खाकर कहता हूँ कि यह कुछ हमसे

नाराज़ है। देखो, तो इसके चेहरे का रंग कितना बदल गया है!

क्लॉडिओ : लेकिन अगर इसे गुस्सा आ भी रहा है, तो फिर अपनी तलवार को म्यान से निकालकर क्यों नहीं सामने आता?

बैनेडिक : मुझे तुमसे एकान्त में एक बात कहनी है।

क्लॉडिओ : भगवान् मुझे सुखी रखे! क्या यह कोई चुनौती है?

बैनेडिक : *(एकान्त में क्लॉडिओ से)* तुम लफंगे हो। यह मत समझना कि मैं कोई मज़ाक कर रहा हूँ। मैं यह मानता हूँ कि न्याययुक्त युद्ध में तुम हर तरह लफंगे हो, इसीलिए मैं यह पूरी तरह तुम्हारे ऊपर छोड़ता हूँ कि कोई-सी जगह, वक्त और कोई-सा हथियार भी लड़ाई के लिए, तुम अपनी मर्ज़ी से तय कर लो, और अब मेरी चुनौती स्वीकार कर लो; नहीं तो मैं सब जगह इस बात की मुनादी पिटवा दूँगा कि तुम डरपोक हो, कायर हो। तुमने बेचारी उस गरीब और बेगुनाह लड़की का खून कर दिया, उसकी मौत की पूरी-पूरी कीमत तुम्हें चुकानी होगी। अब बोलो, क्या बोलते हो?

क्लॉडिओ : बहुत अच्छा, तो आ जाओ सामने, लेकिन शर्त यह है कि अच्छी तरह यह खेल खेलना जिससे कुछ तबियत बहले।

डॉन पैड्रो : क्या! क्या यह कोई दावत है?

क्लॉडिओ : लेकिन मैं तो इसका बहुत ही अहसानमन्द हूँ कि इसने मुझे एक मुर्गी और एक बछड़े की गरदन काटने के लिए निमन्त्रित किया है। अगर मैं इन्हें ठीक तरह न काट सका, तो समझ लेना मेरा चाकू भौंटा है। लेकिन हाँ, क्या जंगली मुर्गा भी नहीं मिल जाएगा?

बैनेडिक : तुम्हारी वाक्पटुता तो यहाँ इस तरह धीरे-धीरे चल रही है जैसे मानो किसी स्त्री का टट्टू हो।

डॉन पैड्रो : एक बात मैं तुमसे कहूँ, कि कल-परसों की ही बात है, बिएट्रिस तुम्हारी बातों की बड़ी तारिफ कर रही थी। जब मैंने कहा कि तुम बातें बनाने में बड़े चतुर हो तो उसने फौरन ही 'हाँ' कहते हुए आगे कहा—"हाँ, चतुराई तो है लेकिन बहुत थोड़ी है।" इसपर मैंने पलटकर कहा—"बिलकुल गलत है। उसमें यह वाक्पटुता थोड़ी नहीं, बहुत है।" तब फिर बिएट्रिस ने 'हाँ' कह दिया और आगे कहा—"लेकिन कुछ सड़ी-गली भौंटे किस्म की है।" तब मैंने कहा, "भौंटी तो नहीं, उसकी बातें तो बहुत अच्छी होती हैं।" उसने जवाब दिया, "यह बहुत अच्छा है कि ये बातें उसकी इतनी भौंटी हैं कि किसी पर मार नहीं कर सकतीं।" फिर मैंने कहा कि तुम बहुत अक्लमन्द हो इस पर उसने फौरन जवाब दिया कि तुम निरे मूर्ख हो। मैंने यह भी कहा कि तुम बहुत-सी भाषाएँ जानते हो। "इसी कारण से तो वह जो बात आज शपथ खाकर कह जाता है दूसरे दिन उसे शपथ खाकर वापस ले लेता है और बात वह की वही बनी रहती है।" इस

तरह कहकर उसने कहा कि ठीक है, तब तो इतनी भाषाओं का ज्ञान होना सार्थक है। यह समझ लो कि आखिर तक वह इसी तरह तुम्हारे सद्गुणों की बात को काटती रही और बराबर बात पर बात बनाती रही। लेकिन हाँ, एक बात आखिर में उसने बड़े मार्के की कही। क्या? सुनोगे? वह कह रही थी कि कुछ भी हो, बैनेडिक इटली-भर में सबसे ज़्यादा हसीन है।

क्लॉडिओ : और यह तो कहना भूल ही गए कि इसके बाद उसकी आँखों में आँसू भर आए पर वह कहने लगी कि वह तुम्हारी कोई परवाह नहीं करती है।

डॉन पैड्रो : वह यह भी कह रही थी कि अगर वह तुमसे नफरत न करती होती तो तुम्हें वह बहुत प्यार करती। हेरो हमें यह सब कुछ बता रही थी।

क्लॉडिओ : हाँ, हरेक बात। इसके अलावा, जब यह बाग में छिप रहा था तब ईश्वर ने इसे उसी तरह देखा था जैसे आदम और ईव समेत पूरे संसार को देखा था।

डॉन पैड्रो : लेकिन अब जंगली बैल के सींग, अक्लमन्द बैनेडिक के सिर पर कब लगाने हैं?

क्लॉडिओ : हाँ और उसके नीचे यह लिखा हो—''देखो, यहाँ शादीशुदा एक शरीफ आदमी रहते हैं जिनका नाम बैनेडिक है।''

बैनेडिक : अच्छा, अलविदा लड़के! तुम तो मेरे दिमाग के बारे में सब कुछ जानते ही हो। अब मैं जाऊँगा और तुम इसी तरह बातें बनाते रहो। तुम अपने इन मज़ाकों को बिना किसी को नुकसान पहुँचाए हुए, वैसे ही दे मार रहे हो, जैसे बढ़-बढ़कर बहादुरी की बात बघारनेवाले अपनी तलवार को पत्थर से ठोंक कर निशान बना लेते हैं, और फिर कहते हैं कि वे बड़ी भारी लड़ाई जीतकर आ रहे हैं। श्रीमानू! आपने जो अब तक मेरे ऊपर मेहरबानी दिखाई है, उसके लिए मैं आपका शुक्रिया अदा करता हूँ। लेकिन मैं तुम्हारी किस्म का नहीं हो सकता। तुम्हारे बाप की रखैल का बेटा डॉन जौन मैसिना से भाग ही गया है, और तुम दोनों ने उस बेचारी गरीब लड़की को ही मार डाला है। जहाँ तक हमारे बिना दाढ़ीवाले सरदार की बात है तो इनसे हम शीघ्र ही मिलेंगे। तब तक भगवानू इन्हें शान्ति दे।

डॉन पैड्रो : इस बात के बारे में यह कुछ गम्भीर मालूम देता है।

क्लॉडिओ : हाँ, बहुत गम्भीर है, मैं तुमसे कहता हूँ कि यह बिएट्रिस ही है, जिसके बारे में यह इतना उत्सुक है।

डॉन पैड्रो : क्या इसने तुम्हें चुनौती दी है?

क्लॉडिओ : हाँ, बड़े गम्भीर होकर।

डॉन पैड्रो : जब आदमी अपने आपको कपड़ों से तो लाद लेता है। और साधारण बुद्धि को छोड़कर अपने दिमाग को नंगा कर लेता है तब कैसा बेतुका-मूर्ख लगता है!

क्लॉडिओ : तब वह ऐसा ही बेतुका मालूम देता है जैसे कोई छोटा-सा बन्दर, जिसमें अक्ल होती है, एक बहुत बड़े बुद्धिहीन दैत्य को जो केवल आकार में ही उससे बड़ा होता है, अपने पीछे जहाँ चाहे लेकर फिरे।

डॉन पैड्रो : ठहरो। मुझे कुछ सोचने का वक्त दो और पूरी तरह गम्भीर मुद्रा में हो जाने दो। मेरा ख़याल है उसने कहा था कि मेरा भाई मैसिना से भाग गया है। इसका क्या मतलब निकलता है?

(डॉगबैरी, वर्गीज़ और पहरेदारों का कॉनरेड
तथा बोरेकिओ को लिए हुए प्रवेश)

डॉगबैरी : अच्छा देखो बे! अगर तुम्हारा दिमाग अब भी ठीक-ठिकाने पर नहीं आया, तो अब कानून को तुम्हें सही रास्ते पर लाने के लिए ज़्यादा मगज़पच्ची करने की ज़रूरत ही नहीं। अगर एक बार यह साबित हो गया कि तुम बदमाश और लफंगे हो, दूसरों की इज़्ज़त खराब करने वाले हो, तो उसी तरह से तुम्हारा इलाज करना पड़ेगा।

डॉन पैड्रो : क्या है यह? मेरे भाई के इन दो सेवकों को तुमने क्यों बाँध रखा है और क्या उनमें एक बोरेकिओ है?

क्लॉडिओ : श्रीमान्! पहले यह पूछिए कि इनका अपराध क्या है।

डॉन पैड्रो : क्यों, यह बताओ, कि इन्होंने क्या अपराध किया है, जिसकी सज़ा इनको मिल रही है?

डॉगबैरी : श्रीमान्! इन्होंने गलत अफवाहें फैलाई हैं। इसके भी ऊपर इन्होंने झूठ बोला है। दूसरे ये लोग बेबात दूसरों की इज़्ज़त बिगाड़ते डोलते हैं, बेकार की बदनामी करते हैं। छठवीं यानी आखिरी बात यह है कि इन्होंने बेचारी एक औरत के जीवन को बहुत हानि पहुँचाई है। तीसरे, इन्होंने झूठी बातों पर 'हाँ' कहा है और उनको सच के रूप में पक्का करने की कोशिश की है। आखिरी बात है कि ये झूठे और आवारा, बदमाश हैं।

डॉन पैड्रो : अच्छा, तो तुमने जैसे इन अपराधों का क्रम रखा है वैसे ही मैं रखता हूँ। पहले तो यह बताओ कि क्या अपराध इन्होंने किया है। तीसरे, मैं तुमसे पूछता हूँ कि इन्होंने क्या किया है। छठवें और आखिर में यह बताओ कि क्यों तुमने इन्हें गिरफ्तार किया है और अन्त में निष्कर्षस्वरूप मैं तुमसे पूछता हूँ कि इनके ऊपर तुमने क्या अभियोग लगाया है।

क्लॉडिओ : बहुत ठीक! तुमने तो अपने सवालों को अपने ही अलग क्रम से लगाकर पूछा है। एक ही सवाल है और चार बार अलग-अलग तरह से पूछा गया है।

डॉन पैड्रो : किसकी बदनामी तुमने की है? बताओ तुमने किसकी इज़्ज़त बिगाड़ी है? इस तरह तुम लोग क्यों गिरफ्तार किए जाकर यहाँ लाए गए हो? हवलदार तो इतनी बड़ी अक्ल से बातें करता है कि कुछ समझ ही नहीं पड़ता। तुम्हीं

बताओ कि तुमने क्या अपराध किया है?

बोरेकिओ : राजकुमार! मैं अभी बताता हूँ। कृपया सुनिए और यह सुनकर अगर काउण्ट क्लॉडिओ मुझे जान से मार डालना चाहें तो उन्हें ऐसा करने से रोकना नहीं। मैंने आपकी आँखों तक को धोखा दिया है। लेकिन ये खोखले दिमागवाले बेवकूफ, किसी दैवयोग से ही वह सब कुछ पकड़ सके, जो आप इतनी बुद्धि रखते भी कभी नहीं पकड़ सकते। इन्होंने छिपकर मुझे कॉनरेड से यह कहते हुए सुन लिया कि कैसे डॉन जौन ने मुझे हेरो की इज़्ज़त बरबाद करने के लिए उकसाया था और किस तरह उस वक्त जब अँधेरे में छिपकर आधी रात के वक्त आप देख रहे थे, मैं ही मागरिट से प्रेम की बातें कर रहा था। और वह मागरिट ही उस समय हेरो के कपड़े पहनकर उसका 'पार्ट' खेल रही थी और यह भी कहते हुए सुना कि कैसे इसी धोखे में फँसकर क्लॉडिओ और राजकुमार ने शादी के समय हेरो को बुरी-बुरी बातें सुनाकर उसे चरित्रभ्रष्ट और आवारा कहा। इनके पास मेरी इस गुस्ताखी के लिखे हुए पूरे सबूत हैं और अब अपनी इस पाप भरी हुई कहानी को फिर से कहने की बजाय तो, मैं यह कहते हुए मरना अधिक स्वीकार करूँगा, कि यह सब बातें मेरी इस धूर्तता से ही पैदा हुई हैं। बेचारी वह गरीब औरत मेरे और मेरे स्वामी के फैलाए इस जाल में घुटकर मर गई। अब जो भी मुझ जैसे पापी के लिए उचित दण्ड हो, वह मैं सहने के लिए तैयार हूँ।

डॉन पैड्रो : काउण्ट! क्या इसके ये शब्द तीरों की तरह तुम्हारे हृदय में नहीं घुसे जा रहे हैं?

क्लॉडिओ : इसकी बातें मेरे लिए ज़हर की-सी घूँटें हैं जिन्हें मैं पी रहा हूँ।

डॉन पैड्रो : लेकिन क्या मेरे भाई ने तुमसे यह काम करवाया था?

बोरेकिओ : जी हाँ और इसके बाद मुझे इनाम भी दिया था।

डॉन पैड्रो : ओह! उसकी रग-रग में इस तरह की धृष्टता भरी हुई है! अब वह इस तरह की आग लगाकर यहाँ से भाग गया है!

क्लॉडिओ : मेरी प्यारी हेरो! मेरी आँखों के सामने फिर तुम्हारी वही पवित्र मूर्ति उठ रही है, उसी उज्ज्वलता के साथ, जैसे मैंने तुम्हें पहले देखा था।

डॉगबैरी : अच्छा, तो उन अपराधियों को ले आओ अब। सैक्सटन ने अब तक इसकी खबर लिओनेटो को पहुँचा दी होगी, लेकिन श्रीमान्! आप लोग ठीक वक्त और ठीक जगह पर इसकी ज़रूर गवाही देंगे कि मुझे इनमें से एक ने गधा कहा था।

वर्गीज़ : वह देखो, लिओनेटो सैक्सटन के साथ आ रहे हैं।

(लिओनेटो और एन्टोनिओ का सैक्सटन के साथ प्रवेश)

लिओनेटो : कहाँ है वह बदमाश? मुझे दिखाओ उसे जिससे उसकी-सी शक्ल वाले किसी आदमी पर मैं कभी भी इस दुनिया में विश्वास न करूँ। कौन-सा आदमी है?

बोरेकिओ : मैं हूँ जिसने आपके सम्मान को इतना धक्का पहुँचाया है।

लिओनेटो : तुम हो वह बदमाश जिसने मेरी निर्दोष बच्ची के चरित्र को बदनाम किया है और उसकी हत्या की है?

बोरेकिओ : हाँ, मैं ही हूँ और कोई दूसरा नहीं है श्रीमान्!

लिओनेटो : यह बात सच नहीं है ओ नीच! इस तरह कहकर तू अपने प्रति न्याय नहीं कर रहा है। ये दोनों प्रतिष्ठित व्यक्ति जो यहाँ खड़े हुए हैं इस पाप में और भागी हैं और उतना ही एक और प्रतिष्ठित व्यक्ति है जो यहाँ से भाग गया है। श्रीमान्! मैं अपनी प्यारी बेटी की मृत्यु के लिए आपका ऋणी हूँ। जब आप इस बात पर सोचेंगे तब आप महसूस करेंगे कि आपने यह कितना अच्छा काम किया है। आप इस काम को अपने सबसे ऊँचे और अच्छे कामों में गिनिए।

क्लॉडिओ : मैं नहीं जानता कि मैं आपसे धैर्य रखने के लिए कैसे कहूँ! लेकिन मैं अब अधिक देर अपनी भावनाओं को दाबे नहीं रख सकता। किसी भी तरह का बदला जो भी आप मुझसे लेना चाहें, लें, मैं उसके लिए आपके सामने अपनी गरदन झुका दूँगा। मैं चाहूँगा कि आप जितनी भी निर्दयता से हो सके, मेरे पापों का दण्ड मुझे दें, मैं इसे स्वीकार करता हूँ। फिर भी मैं इतना तो अवश्य कहूँगा कि जो कुछ भी दुष्टता मैंने की है, वह किसी गलतफहमी से ही हुई है, मेरा इस तरह का उद्देश्य कभी नहीं था।

डॉन पैड्रो : मैंने भी इसी तरह की गलती की है जिसके लिए मुझे बहुत दुःख हो रहा है। इसके लिए लिओनेटो जो भी दण्ड मुझे देना स्वीकार करें मैं उसके लिए तैयार हूँ।

लिओनेटो : ओह, अब क्या इस तरह का पश्चात्ताप और दण्ड मेरी बेटी को फिर से जीवित कर सकता है? नहीं, नहीं, यह असम्भव है। इसलिए मैं अब आपसे यही प्रार्थना करूँगा कि आप मैसिना के लोगों को पुकार-पुकारकर बता दें कि मेरी बेटी निर्दोष थी, और यदि उसके प्रति तुम्हारा प्रेम तुम्हारी दुःखमयी कल्पना को जगा सके तो फिर उसकी कब्र पर कुछ सुन्दर शब्द लिख देना, और रात को उसे उस कब्रिस्तान में कोई सुन्दर गीत गाकर सुनाना। अब मेरी बेटी तो चली ही गई, मेरी भतीजी है। इसलिए कल मेरे घर आना। मैं चाहता हूँ कि अगर तुम मेरे दामाद नहीं बन सके तो मेरी भतीजी से शादी करके इस तरह मेरे दामाद बन जाओ। मेरे भाई की लड़की बिलकुल हेरो जैसी ही है और अब हम दोनों भाइयों के जीवन की एकमात्र आशा है। मेरा तुमसे अब बदला यही है कि जो स्थान तुम मेरी बेटी को नहीं दे पाए, वह अब मेरी भतीजी को दो।

क्लॉडिओ : ओ हमारे अच्छे लिओनेटो! तुम्हारी ऐसी अपार सहनशीलता मुझे मारे डाल रही है और बार-बार मुझे रो उठने के लिए बाध्य करती है। मैं तुम्हारी प्रार्थना के सामने अपना सिर झुकाता हूँ और अपने आपको तुम्हारी इच्छा के

पूर्णरूपेण समर्पित करता हूँ।

लिओनेटो : अच्छा तो नमस्ते! मैं आशा करता हूँ कि तुम कल आओगे। *(बोरेकिओ की तरफ देखकर)* अब इस बदमाश को मार्गरेट के पास ले चलना चाहिए। मुझे तो सन्देह है कि वह भी इस षड्यन्त्र में शामिल थी। डॉन जौन ने उसे भी अपनी चाल खेलने के लिए साधन बनाया था।

बोरेकिओ : मैं आपको विश्वास दिलाता हूँ कि इस षड्यन्त्र में वह हमारी साथिन नहीं थी। जब वह हेरो के कपड़े पहनकर खिड़की से निकलकर मुझसे बात कर रही थी तब वह नहीं जानती थी कि वह क्या कर रही थी। जहाँ तक मैं जानता हूँ वह बहुत ही ईमानदार और गुणवती स्त्री है।

डॉगबैरी : इसके अलावा श्रीमानु! इस बदमाश ने मुझे गधा कहकर पुकारा। हालाँकि यह बात मैं रजिस्टर में दर्ज नहीं करा सका हूँ लेकिन मैं ज़बानी ही आपसे कहता हूँ कि इसको दण्ड देते समय आप इस बात का अवश्य ध्यान रखें। इसके बाद पहरेदार ने इसे अपने किसी साथी 'टेढ़े-मेढ़े आदमी' का भी नाम लेते सुना था। यह कहा जाता है कि वह अपने कान में ताले की चाभी पहनता है। भिखारियों को देने के नाम पर वह लोगों से ईश्वर को दुहाई देकर पैसा इकट्ठा करता है और फिर सबको हड़प जाता है। उसने इस हद तक यह बदमाशी शुरू कर दी है कि अब लोगों ने ईश्वर के नाम पर भी भिखारियों को देना बन्द कर दिया है। कृपया दण्ड देते समय इस बात का भी ध्यान रखिए।

लिओनेटो : आपने जो भी कष्ट इस विषय में उठाया है और जैसी दिलचस्पी दिखाई है उसके लिए मैं आपका बहुत आभारी हूँ।

डॉगबैरी : आप तो बड़ी ही कृतज्ञता और आदर के भाव से बोल रहे हैं। मैं इसके लिए ईश्वर को धन्यवाद देता हूँ कि उसने संसार में आप जैसे व्यक्ति भी पैदा किए।

लिओनेटो : तुम्हारे कष्ट के लिए पुरस्कारस्वरूप यह कुछ मुद्राएँ मैं तुम्हें देता हूँ, इन्हें स्वीकार करो।

डॉगबैरी : ईश्वर आपको सदा सुखी रखे।

लिओनेटो : अब तुम जा सकते हो। अब इस कैदी के प्रति तुम्हारी सारी जिम्मेदारी से मैं तुम्हें छुट्टी देता हूँ। धन्यवाद।

डॉगबैरी : ठीक है, मैं इस लफंगे को आपके हाथों में छोड़ जाता हूँ। मैं आशा करता हूँ कि आप इसको उचित दण्ड देकर जनता के सामने एक उदाहरण प्रस्तुत कर देंगे। ईश्वर आपकी रक्षा करे और आपको सदैव स्वस्थ रखे। अब मैं जाने के लिए आपकी आज्ञा चाहता हूँ। मुझे आशा है कि इस सब उपद्रव का अन्त अच्छा ही होगा। भगवानु मेरी इस इच्छा को अवश्य पूर्ण करेंगे। अच्छा चलो मित्र! अब चलें।

(डॉगबैरी और वर्गीज़ जाते हैं।)

लिओनेटो : अच्छा, कल सुबह तक के लिए नमस्ते!

एन्टोनिओ : अच्छा, श्रीमान्! कल आप अवश्य आएँगे।

डॉन पैड्रो : अवश्य।

लिओनेटो : *(पहरेदारों से)* ज़रा इन बदमाशों को मेरे साथ तो ले आओ। मैं मागरिट से यह जानना चाहता हूँ कि वह इस बदमाश से कैसे परिचित हो गई?

दृश्य 2

(लिओनेटो का बाग। बैनेडिक और मागरिट का प्रवेश)

बैनेडिक : प्रिय मागरिट! क्या तुम बिएट्रिस से मेरी बात कराने में मेरी सहायता कर सकती हो? मैं तुम्हारी इस कृपा का उचित पुरस्कार तुम्हें दूँगा।

मागरिट : हाँ, हाँ, लेकिन अगर मैं तुम्हारी सहायता करूँ तो क्या तुम मेरी सुन्दरता की प्रशंसा में एक गीत लिख सकते हो?

बैनेडिक : अवश्य, मैं तुम्हारी प्रशंसा में ऐसा अच्छा गीत लिखूँगा कि कोई भी उससे अच्छा नहीं लिख पाएगा। तुम सचमुच उसी तरह के गीत के योग्य हो।

मागरिट : फिर कोई मुझसे प्यार क्यों नहीं करता? क्या मैं सदा इसी तरह नौकरानी-सी बनी रहूँगी और कभी किसी के घर की मालकिन नहीं बनूँगी?

बैनेडिक : तुम्हारी बातें तो ऐसी ही पैनी और काटनेवाली हैं जैसे शिकारी कुत्ते का मुँह।

मागरिट : और आपका तो ठीक इससे उलटा है। ऐसा ही भौंटा है जैसे बहुत काम में लाई हुई भौंटी तलवार, जो वार तो कर सकती है लेकिन बिगाड़ कुछ नहीं सकती।

बैनेडिक : तब तो मेरी बातें वास्तव में बहुत वीरतापूर्ण और क्षमाशील हैं क्योंकि एक स्त्री पर भी क्या हाथ उठाना! इसलिए अब इस बातों की लड़ाई में मैं अपनी हार स्वीकार करता हूँ और आपसे प्रार्थना करता हूँ कि आप बिएट्रिस को यहाँ बुला लाइए।

मागरिट : हमें अपनी रक्षा के लिए ढालों की कोई आवश्यकता नहीं है। हम तो अपनी रक्षा अपने आप ही कर सकते हैं। हाँ, हमें तो वार करने के लिए तलवारों की आवश्यकता है।

बैनेडिक : लेकिन अगर आप अपनी ढाल से ही अपनी रक्षा करना चाहती हैं तो मेरी राय है कि उसमें एक पैनी बर्छी लगा लें। लेकिन यह काम करना स्त्रियों के लिए कठिन है।

मार्गरेट : अच्छा तो मैं जाती हूँ और बिएट्रिस को बुला लाती हूँ। मेरा ख़याल है वह फौरन आ जाएगी।

बैनेडिक : क्यों नहीं!

(मार्गरेट जाती है।)

(गाता है।)

प्रेम का देवता
व्योम से देखता
जानता है मुझे, जानता है मुझे,
पीर की टीस को
दूर से हेरता!

मेरे गाने में मतलब है। प्रेम करने में तो मैं उतना ही बड़ा हूँ जितना 'लिएन्डर' जो 'हैलिस्पौन्ट' नदी को तैरते हुए पार करके अपनी प्रेयसी से मिलने जाया करता था। मैं उस ट्रॉइलस के बराबर हूँ जो पैन्डारस की भतीजी क्रेसिडा से प्रेम करता था, इसके अलावा भी उन प्रेमियों से किसी तरह कम नहीं हूँ, जिनका नाम महाकाव्यों तथा प्रेम-कथाओं में आता है। वे तो इतने प्रेम में डूबे भी नहीं रहे थे जितना मैं हूँ। दुर्भाग्य की बात है कि मैं अपनी भावनाओं को एक कविता के रूप में व्यक्त नहीं कर सकता। वैसे मैंने तुकबन्दी जोड़ने की कोशिश तो की है, लेकिन मुझे तो इनसे अच्छी तुक ही नहीं मिलतीं जैसे बेबी के साथ 'लेडी', स्कॉर्न के साथ 'हॉन', जो कुछ कर्कश-सी लगती है और 'स्कूल' के साथ 'फूल' जो मुझे एक मूर्ख के बड़बड़ाने की याद दिलाता है। इस तरह की तुकें मेरे प्रेम के लिए अच्छी साबित नहीं होतीं। मुझे तो ऐसा लगता है कि भगवान् ने मुझे तुकबन्दीवाले सितारे के नीचे पैदा ही नहीं किया। कैसे खेद की बात है कि मैं किसी स्त्री से काव्य के अनुकूल ओजस्वी भाषा बोलकर प्रेम नहीं कर सकता!

(बिएट्रिस का प्रवेश)

मेरी प्यारी बिएट्रिस! तुम्हारे इस समय आने से क्या मैं यह विश्वास कर लूँ कि जब मैं तुम्हें बुलाऊँगा तभी तुम मेरे पास आ जाओगी?

बिएट्रिस : जी हाँ श्रीमान्! और अगर आप मुझे जाने के लिए आज्ञा दे दें तो अभी जाने के लिए मैं तैयार हूँ।

बैनेडिक : ओ, मैं चाहता हूँ कि जब तक तुमसे जाने के लिए मैं न कहूँ, तब तक यहीं रहो।

बिएट्रिस : यह तो आपने पहले ही कह दिया है। इसलिए मैं जा रही हूँ लेकिन जाने से पहले मैं वह सब कुछ जानना चाहूँगी जिसे सुनने के लिए मैं यहाँ आई हूँ। क्लॉडिओ और आपके बीच क्या बातें हुई हैं?

बैनेडिक : कुछ भी नहीं। सिर्फ कुछ गाली-गलौज ही होती रहीं। तो फिर अब मैं

तुम्हारे ओठों को चूमूँगा।

बिएट्रिस : नहीं, तुम यह सब कुछ नहीं करोगे क्योंकि मुँह से निकली गाली गन्दी श्वासों के समान होती है और वह एक घृणित वस्तु है। मुझे जाने दो।

बैनेडिक : तुम्हारी इस वाक्पटुता से तो शब्द का अर्थ ही बदल गया। अब मैं तुम्हें साफ-साफ बता ही दूँ। क्लॉडिओ को मैंने द्वन्द्वयुद्ध की चुनौती दे रखी है। या तो मुझे शीघ्र ही उसका कुछ उत्तर मिलता है, नहीं मैं उसे कायर कहकर सब जगह इसका ढिंढोरा पीट दूँगा। अब बताओ बिएट्रिस! कि कौन-सी खराबी मेरे अन्दर थी जिसके कारण तुम मुझसे प्रेम करने लगी हो?

बिएट्रिस : किसी एक खराबी के कारण नहीं, बल्कि बहुत-सी खराबियों के कारण। आपस में एक दूसरे से वे इस तरह घुल गई हैं कि किसी अच्छाई की तो उनके बीच दखलन्दाज़ी देने की हिम्मत ही नहीं हो सकती। लेकिन मैं यह पूछना चाहती हूँ कि वह कौन-सी ऐसी मेरी अच्छाई थी, जिसके कारण आपको मेरे प्रेम में इतना कष्ट उठाना पड़ रहा है?

बैनेडिक : सच कहती हो, मेरा हृदय अत्यन्त व्यथित है। 'व्यथित' शब्द ही मेरी स्थिति को भली-भाँति बता सकता है क्योंकि अपनी इच्छा के विरुद्ध मैं तुमसे प्रेम करने के लिए बाध्य हूँ।

बिएट्रिस : तब तो तुम्हारी इच्छा तुम्हारी भावनाओं के विरुद्ध है। यही प्रेम के विरुद्ध तुम्हारी इच्छा, तुम्हारे हृदय को जला रही है। बेचारा हृदय! अगर तुम इसे इस तरह जलाओगे, तो फिर मैं भी जलाऊँगी, क्योंकि तुम तो जानती हो, कि उस वस्तु के प्रति मेरी सहानुभूति कैसे हो सकती है, जिसे मेरा साथी अपना शत्रु समझता हो!

बैनेडिक : मेरा ख़याल है कि आपस में शान्तिपूर्ण सम्बन्ध रखने के लिए हम बहुत अधिक चतुर और योग्य हैं।

बिएट्रिस : मुझे तो तुम्हारी बातों में कोई चतुराई मालूम नहीं देती। चतुर आदमी तो अपनी प्रशंसा इस तरह नहीं करते।

बैनेडिक : यह बात बहुत पुराने समय का सत्य है जब पड़ोसी और दोस्त आपस में एक दूसरे से ईर्ष्या और द्वेष नहीं रखते थे और सबके अधिकारों का उचित ध्यान रखते थे। लेकिन आजकल के इस बुरे वक्त में यदि आदमी अपना मकबरा खुद न बनवाए, तो फिर मौत के बाद सिर्फ एक विधवा स्त्री के सिवाय उसको याद करनेवाला कौन रहता है!

बिएट्रिस : वह कब तक रहेगी?

बैनेडिक : यही तो सवाल है। यह स्मरण मौत के एक घण्टे बाद तक रह सकता है, या कहो पन्द्रह मिनट तक ही रहता है। इसीलिए अगर आदमी की आत्मा उसे अन्दर से नहीं काटे, तो सबसे अधिक बुद्धिमानी की चीज़ तो यही है, कि

अपने नगाड़े खुद पीटे जैसे मैं कर रहा हूँ। इस कारण मैं अपनी प्रशंसा अपने आप कर रहा हूँ और मैं इसके योग्य भी हूँ, इसको मैं खुद साबित कर सकता हूँ। अच्छा यह बताओ कि तुम्हारी बहिन के क्या हालचाल हैं?

बिएट्रिस : बहुत बीमार है वह।

बैनेडिक : और तुम्हारी तबीयत कैसी है?

बिएट्रिस : मैं बहुत दुःखी हूँ।

बैनेडिक : थोड़ी अच्छी बनो और मुझसे प्यार करो। तब तुम यह सब दुःख भूलकर बहुत सुखी हो जाओगी। अच्छा, अब मैं चलता हूँ क्योंकि कोई इधर आ रहा है।

(उर्सुला का प्रवेश)

उर्सुला : श्रीमती! घर में एक पूरी मुसीबत खड़ी हो गई है। श्रीमान् लिओनेटो ने आपको बहुत शीघ्र बुलाया है। मालूम होता है, हेरो बिलकुल निर्दोष निकली है और क्लॉडिओ तथा राजकुमार को किसी ने उनके खिलाफ गलत भर दिया था। इस सारी आफत का बीज बोनेवाला डॉन जौन मैसिना से भाग गया है। क्या आप फौरन वहाँ चलेंगी?

बिएट्रिस : श्रीमान् बैनेडिक! क्या आप भी मेरे साथ आएँगे जिससे आपको भी इस सबके बारे में मालूम हो जाए?

बैनेडिक : क्यों नहीं, मेरा जीवन तो तुम्हारे जीवन से ही बँधा हुआ है बिएट्रिस! मैं तो तुम्हारे हृदय में रहना चाहता हूँ, तुम्हारे हाथों में मरना चाहता हूँ और तुम्हारी आँखों में अपनी कब्र ढूँढना चाहता हूँ। आखिर मैं कहना चाहता हूँ कि मैं तुम्हारे साथ चलूँगा।

दृश्य 3

(गिरजाघर)
(डॉन पैड्रो, क्लॉडिओ और तीन-चार अन्य
व्यक्तियों का हाथों में मोमबत्तियाँ लिए हुए प्रवेश)

क्लॉडिओ : क्या लिओनेटो-परिवार का यह कब्रिस्तान है?

एक सरदार : जी हाँ।

क्लॉडिओ : *(एक कागज़ में से कुछ पढ़ते हुए)* यहाँ मेरी हेरो सोई हुई है। जिसको हमारी विषैली बातों ने जान से मार डाला, लेकिन मृत्यु ने उसे हमारे हृदयों में सदा के लिए अमर बना दिया है। अपने सम्मान को धूल में मिलता देखा उसने अपना जीवन-दीप बुझा डाला, लेकिन क्या वह मिट सका! वह आज भी जीवित है, वह आज भी उतने ही गौरव से जल रहा है। मेरा यह गीत उसकी कब्र पर

लगा देना और जब मेरी आवाज़ भी मौत के काले हाथों के बीच घुट जाए, उस समय भी तुम यह गीत गाते रहना और हेरो के यश को चारों ओर फैलाना। गायको! गाओ, वह शोक-गीत गाना प्रारम्भ करो।

—गीत—

ओ निशा की मधुर देवी![1]
तू क्षमा कर इस कुमारी के वधिक जन की पिपासा,
घूमते हैं कब्र जिसकी घेर कर वे भर निराशा,
वेदना के गीत गाते, बाँधती पीड़ा विपाशा।
ओ निशा की मधुर देवी!
रात के सूने तिमिर तू दुःख में घुल जा हमारे
चिर कसकती कराहों को आज तू दे दे सहारे,
फाड़ कर मुँह कब्र अब सारी भरें जमुहाइयों सी,
प्रेत आएँ आज बाहर घूम डोलें छाइयों सी,
दुःख भार विनीत सब यह वेदना का गीत गाएँ,
इस कुमारी की व्यथा के हेतु अपने स्वर उठाएँ,
तब तलक जब तक कि वसुधा से न हट जाए सदा को
मृत्यु, भीषण मृत्यु खोए!, वेदना तेरी बिदा हो।
ओ निशा की मधुर देवी!

क्लॉडिओ : तेरी अस्थियों को बिदा प्रिये! प्रतिवर्ष मैं यही सब दुहराने आऊँगा।

डॉन पैड्रो : नमस्कार श्रीमान्! सुबह हो गई, अपनी मोमबत्तियाँ बुझा दो। भेड़ियों ने शिकार की खोज में फिरना बन्द कर दिया है। वह देखो, पूर्व दिशा में सूर्य अपना रथ लेकर इस सोए हुए विश्व को जगाने आ गया है। उसके आग की तरह जलते पहियों से लाल-लाल चिनगारी-सी निकल रही है, जिससे देखो वह प्रकाश हो गया है। आपकी इस सज्जनता के लिए आपको धन्यवाद! अब कृपया हमें यहीं अकेले रहने दीजिए। अलविदा!

क्लॉडिओ : अलविदा! श्रीमान्! अच्छा, अब अपने-अपने रास्ते हमको जाना चाहिए।

डॉन पैड्रो : आओ, चलें। पहले अपने कपड़े बदल लें फिर लिओनेटो के यहाँ चलेंगे।

क्लॉडिओ : विवाह का देवता अब हमें किसी शुभ घड़ी के दर्शन कराएगा। अब अन्त हेरो की तरह दुःखदायी नहीं रहेगा।

(जाते हैं।)

---

1. अंग्रेज़ डाइना (चन्द्रमा) को निशा की देवी मानते थे। वह प्राचीन रोमन देवी थी। वह कौमार्य की रक्षिका थी।

दृश्य 4

(लिओनेटो के घर का एक कमरा)
(लिओनेटो, एन्टोनिओ, बैनेडिक, बिएट्रिस, मार्गरिट
उर्सुला, फ्रायर और हेरो का प्रवेश)

फ्रायर : क्या मैंने तुमसे पहले नहीं कहा था कि हेरो बिलकुल निर्दोष है?

लिओनेटो : राजकुमार और क्लॉडिओ भी बिलकुल निर्दोष हैं। उन्होंने किसी भ्रम में पड़कर ही हेरो पर यह दोषारोपण किया था। मार्गरिट अवश्य इसकी उत्तरदायी लगी थी, लेकिन जब मैंने इस विषय की अधिक खोज-बीन की, तो मुझे मालूम हुआ कि उसका इस षड्यन्त्र में कोई भाग नहीं था।

एन्टोनिओ : मुझे यह देखकर बड़ी खुशी है कि अन्त में सभी बातें साफ हो गईं और आज हम उस आपत्ति से पूरी तरह मुक्त हो गए हैं।

बैनेडिक : मुझे भी बड़ी खुशी है, नहीं तो इज़्ज़त की बात थी, मुझे काउण्ट क्लॉडिओ से द्वन्द्वयुद्ध करना पड़ता।

लिओनेटो : मेरी बेटी! अभी तो तुम अपनी सहेलियों के साथ उस कमरे में चली जाओ और जब मैं कहूँ तब अपना मुँह चेहरे में छिपाकर यहाँ आना।

(बे चली जाती हैं।)

राजकुमार और क्लॉडिओ ने इस समय आने का वायदा किया था। तुम तो अपना काम जानते ही हो एन्टोनिओ। आज तुम पिता के रूप में मेरी बेटी की शादी क्लॉडिओ के साथ करोगे।

एन्टोनिओ : वह मैं पूरी दृढ़ता के साथ करूँगा।

बैनेडिक : फ्रायर, क्या आप मेरी ओर से कुछ तकलीफ कर सकेंगे?

फ्रायर : क्या, श्रीमान्!

बैनेडिक : मुझे भी तुम्हें आज शादी के बन्धनों में बाँधना पड़ेगा या तुम यों भी कह सकते हो कि बरबाद करना पड़ेगा। श्रीमान् लिओनेटो! क्या मैं आपसे कहूँ कि आपकी भतीजी बिएट्रिस मुझसे प्रेम करती है?

लिओनेटो : बिलकुल ठीक है। मेरी बेटी हेरो ने ही तो यह सारी योजना बनाई थी और जिसके कारण वह तुम्हें प्रेम करने लगी।

बैनेडिक : मैं भी उससे बहुत प्रेम करता हूँ।

लिओनेटो : तुमने तो यह सब कुछ मुझसे, राजकुमार से और क्लॉडिओ से सीखा है। लेकिन हाँ, अब यह बताओ कि मैं तुम्हारी क्या सेवा कर सकता हूँ।

बैनेडिक : आपका उत्तर तो एक पूरी समस्या है, उलझन है। जहाँ तक मेरी इच्छा

और आपके उसे पूरी करने का सवाल है, मैं चाहता हूँ कि आप मुझे और बिएट्रिस को भी आपस में शादी के बन्धनों में बाँध दें। आशा है कि आप इससे सहमत होंगे। श्रीमान् फ्रायर! मैं इस काम में आपकी सहायता चाहता हूँ।

लिओनेटो : मैं आपके इस प्रस्ताव का हृदय से स्वागत करता हूँ और स्वीकार भी करता हूँ।

फ्रायर : और मैं भी आपकी सेवा करने के लिए तैयार हूँ। वे राजकुमार और क्लॉडिओ चले आ रहे हैं।

(डॉन पैड्रो और क्लॉडिओ का सेवकों के साथ प्रवेश)

राजकुमार : आप सभी को मेरा नमस्कार, श्रीमान्!

लिओनेटो : नमस्कार श्रीमान् राजकुमार! नमस्कार श्रीमान् क्लॉडिओ! हम सभी आपकी ही प्रतीक्षा में बैठे हैं। क्या मेरी भतीजी के साथ विवाह करने के लिए अपने वचन पर स्थिर हैं?

क्लॉडिओ : अवश्य, वह कोई काली इथोपियन स्त्री ही क्यों न हो, मैं उसके साथ अपने वचन के अनुसार अवश्य शादी करूँगा।

लिओनेटो : भाई! फिर उसे यहाँ बुला लो। फ्रायर तैयार हैं।

(एन्टोनिओ जाता है।)

डॉन पैड्रो : नमस्ते बैनेडिक! क्यों, तुम्हें क्या परेशानी है? तुम इतने दुःखी और चिन्तित क्यों दिखाई देते हो? क्या बात है ऐसी जिसके कारण तुम्हारा चेहरा इतना उतर गया है?

क्लॉडिओ : मेरा अन्दाज़ है कि इन्हें अपनी वे पुरानी बातें याद आ रही हैं, जब ये शादी के ख़्याल पर हँसा करते थे, और जंगली बैल के सींगों की बात किया करते थे। कोई फिकर मत करो, हम तुम्हारे उन सींगों को सोने से मढ़वा देंगे। और फिर यह कैसी बड़ी बात है कि जब तुम्हारी शादी होगी तो सारा यूरोप खुशी से झूम उठेगा जैसा कि 'कैडयस' की बहिन यूरोपा की शादी के समय हुआ था। क्या तुमको नहीं मालूम कि उसके प्रेम में पागल 'ज़ियस' भी तो एक अच्छे बैल के रूप में उसके सामने उपस्थित हुआ था?

बैनेडिक : लेकिन 'ज़ियस' ने जिस बैल का रूप लिया था, उसकी आवाज़ तुमसे तो कहीं मीठी थी। मेरे ख़्याल से कोई बड़ा विचित्र-सा बैल तुम्हारे बाप की गाय पर चढ़ गया मालूम होता है जिससे तुम जैसा ही बछड़ा पैदा हुआ। भगवान् की सौगन्ध, तुम्हारी आवाज़ बिलकुल उस जैसी ही है।

क्लॉडिओ : अच्छा, इस बात का जवाब मैं फिर किसी वक्त दूँगा। अभी और बहुत-से काम करने हैं। हाँ, कौन-सी श्रीमती हैं जो मेरी जीवन-संगिनी बनेंगी?

(एन्टोनिओ का चेहरों में मुँह छिपाकर
आनेवाली स्त्रियों के साथ प्रवेश)

लिओनेटो : वही है मेरी भतीजी और मैं इसे तुम्हारे समर्पित करता हूँ।

क्लॉडिओ : मैं आपके उपहार को स्वीकार करता हूँ। आज से ये मेरी जीवन-संगिनी हैं। प्रिय! मुझे अपना मुँह तो देखने दो।

लिओनेटो : नहीं, जब तक आप इसका हाथ अपने हाथ में नहीं थाम लेंगे, तब तक इसका मुँह नहीं देखेंगे। पहले पादरी शादी का सारा काम खत्म कर लेंगे, तब आप एक दूसरे को देखना।

क्लॉडिओ : ठीक है, आओ प्रिय! मुझे अपना हाथ दो। पवित्र पादरी फ़्रायर के सामने मैं वचन देता हूँ कि यदि तुम राज़ी हुई, तो मैं तुमसे अवश्य शादी करूँगा।

हेरो : *(चेहरे में से ही)* जब मैं जीवित थी तब मैं तुम्हारी स्त्री थी और जब तुम मुझसे प्यार करते थे तब तुम मेरे पति थे।

क्लॉडिओ : क्या! क्या यह दूसरी हेरो है या वही है जो फिर जीवित होकर यहाँ आ गई है!

हेरो : तुम्हारी वह हेरो तो चली गई लेकिन मैं जीवित हूँ और जितना मेरा इस तरह जीवित रहना सत्य है उतना ही यह भी सत्य है कि मैं एक पवित्र और निर्दोष स्त्री हूँ।

डॉन पैड्रो : क्या! वही हेरो, वही हेरो, जो इस संसार से चली गई थी, क्या वह फिर इस संसार में वापस आ गई है?

लिओनेटो : ठीक है श्रीमान्! जब तक उसके चरित्र और सम्मान के ऊपर चारों तरफ काली और विषैली चर्चाएँ होती रहीं, जब तक चारों तरफ उसके पवित्र जीवन पर गन्दी कीचड़ उछाली जाती रही, तब तक के लिए वह इस संसार को छोड़कर चली गई थी।

फ़्रायर : मैं यह सारा रहस्य आपके सामने शादी का उत्सव समाप्त हो जाने के बाद खोलूँगा, तब मैं आपको हेरो की इस मृत्यु की सारी परिस्थितियों को विस्तारपूर्वक बताऊँगा जिन्हें सुनकर आपको आश्चर्य होगा। इससे पहले इस सबको रोज़ाना घटनेवाली मामूली घटनाओं के अन्दर गिन लो और चलो अब गिरजाघर चलें।

बैनेडिक : ठहरो, मेरे अच्छे फ़्रायर! इनमें से बिएट्रिस कौन-सी है?

बिएट्रिस : *(अपना मुँह चेहरे से निकालकर)* मैं बिएट्रिस हूँ। आप मुझसे क्या चाहते हैं?

बैनेडिक : क्या तुम मुझसे प्रेम नहीं करतीं बिएट्रिस?

बिएट्रिस : अक्लमन्दी के अन्दर जितना आ जाता है, उतना तो करती हूँ, उससे अधिक नहीं।

बैनेडिक : तब तुम्हारे चाचा, डॉन पैड्रो और क्लॉडिओ इन तीनों ने यह बहुत बड़ी भूल की जो मुझे इसके लिए पूरा विश्वास दिलाया कि तुम मुझसे अधिक किसी को नहीं चाहतीं।

बिएट्रिस : क्या तुम मुझसे प्रेम नहीं करते?

बैनेडिक : जितना अक्लमन्दी की हद में आ जाता है, बस।

बिएट्रिस : तो फिर मागरिट, हेरो और उर्सुला मुझसे झूठ बोल रही थीं? वह कहती थीं कि तुम मुझसे प्यार करते हो।

बैनेडिक : मेरे दोस्त तो कह रहे थे कि तुम मेरी याद में बड़ी बेचैन थीं और बड़ी लम्बी-लम्बी श्वासें ले रही थीं!

बिएट्रिस : और मेरी सहेलियाँ कह रही थीं कि तुम तो इसी अफसोस में कि मैंने तुम्हारे प्रेम को ठुकरा दिया था, मरने जा रहे थे।

बैनेडिक : यह बात झूठ है। तो फिर बिएट्रिस! क्या मैं समझ लूँ कि तुम मुझसे कोई सम्बन्ध नहीं रखना चाहतीं?

बिएट्रिस : मेरा तो मैत्री का प्रतिदान मात्र है।

लिओनेटो : नहीं, नहीं, मैं जानता हूँ, तुम्हें उससे प्रेम है।

क्लॉडिओ : और यह बात मैं सौगन्ध खाकर कह सकता हूँ कि बैनेडिक बिएट्रिस को बहुत अधिक प्यार करता है। यह देखो, इसने यह एक अतुकान्त गीत लिखा है जो बिएट्रिस की ओर ही सम्बोधन करके लिखा गया है। देख लो, यह इसके ही दिमाग की सूझ है और इसके ही हाथ से लिखा हुआ है।

हेरो : और यह एक प्रेम-गीत और लो, जो बिएट्रिस ने बैनेडिक की ओर सम्बोधित करके लिखा है। मैंने इसकी जेब से यह निकाला है।

बैनेडिक : यह तो निस्सन्देह आश्चर्य की बात है। यह तो हमारे हृदय के विचारों के विपरीत किसी बात के सबूत यहाँ हमारे सामने रखे हुए हैं। ठीक है, तब तो मुझे तुमसे शादी करनी ही पड़ेगी। लेकिन मैं यह तुम्हारी हालत पर रहम खाकर ही कर रहा हूँ।

बिएट्रिस : मैं इसके लिए तुमसे मना नहीं करती, लेकिन यह मैं तुमसे कहना चाहती हूँ कि चूँकि मेरी सहेलियाँ और सम्बन्धी, इतना मुझे दबा रहे हैं, इसलिए मैं तुमसे शादी कर रही हूँ और एक बात यह भी, कि कहीं तुम बिना इसके दीवाने होकर मर न जाओ, नहीं तो तुम मुझे जानते ही हो। मुझसे बहुतों ने आकर कहा कि तुम दिन-दिन मेरे लिए पीले पड़ते जा रहे हो और बस मरनेवाले हो, तब मैंने

तुम पर यह तरस दिखाया है।

बैनेडिक : चुप हो जाओ नहीं तो अभी मैं एक चुम्बन से तुम्हारा मुँह बन्द कर दूँगा!

(बिएट्रिस का मुँह चूमता है।)

डॉन पैड्रो : अब आपके कैसे मिज़ाज हैं, बैनेडिक साहब! अब तो आप शादीशुदा हैं।

बैनेडिक : मैं आपसे साफ कह देता हूँ श्रीमान्! चाहे ज़माना मेरा मज़ाक उड़ाने आ जाए तो भी मैं अपना इरादा नहीं बदल सकता। मुझे पूरा विश्वास है कि तुम कभी यह नहीं सोचते होगे कि मैं ऐसे मज़ाकों से डर जाऊँगा। अगर इसी तरह आदमी दूसरों के हँसने पर डरकर भागता फिरे, तो फिर वह जब तक इधर-उधर धब्बे न डाल ले, तब तक नए कपड़े भी न पहने और न किसी सुन्दर स्त्री से शादी करे। कुछ भी हो, चाहे पूरी दुनिया मेरे खिलाफ हो जाए, मैंने जो शादी करने का इरादा कर लिया है, उससे कभी इधर से उधर नहीं हो सकता। इसलिए मैं पहले क्या सोचता था, और क्या कहता था, इसे लेकर आपका मेरे ऊपर ताने कसना बेकार है। आदमी हमेशा बदलनेवाला एक प्राणी है और मेरे सामने तो सबसे बड़ा काम अब शादी करने का है। जहाँ तक तुम्हारा सवाल है क्लॉडिओ! मैं चाहता तो यह था कि तुम्हारे मुँह पर थप्पड़ लगा दूँ, लेकिन चूँकि तुम मेरे निकट के सम्बन्धी होनेवाले हो, इसलिए ठीक है। रहो अब! और मेरी साली हेरो को प्रेम करो। अब डरने की कोई बात नहीं है।

क्लॉडिओ : मैं तो सोच रहा था कि तुम शादी के लिए मना करोगे, जिससे कम से कम मुझे यह तो मौका मिलेगा कि तुम्हें थप्पड़ देकर कुँवारे की ज़िन्दगी से एक शादीशुदा की ज़िन्दगी के बीच डाल दूँ। अब अकेले हो तब दो हो जाओगे।

बैनेडिक : बस-बस, अब लड़ाई बन्द! काफी है, आओ अब तो आपस में एक दूसरे के दोस्त बनकर अपनी शादी की खुशी में नाचें, जिससे हमारा भी दिल खुश होगा और हमारी स्त्रियों के पैर भी बड़े हलके-हलके उठेंगे।

लिओनेटो : शादी की सारी रस्म पूरी होने के बाद ही यह नाच रखें तो अच्छा है।

बैनेडिक : नहीं, नहीं, हम तो पहले ही नाचेंगे। हाँ, चलने दो गाना। क्यों राजकुमार! आप इतने चिन्तित क्यों दिखाई दे रहे हैं? आप भी अपना कोई जोड़ा तलाश कर लें न। दुःख और चिन्ता का सबसे अच्छा इलाज शादी ही है। जैसे कि घूमनेवाली छड़ी के सिरे पर सींग लगाने से वह बहुत अच्छी बन जाती है, उसी तरह शादीशुदा हालत में व्यभिचारिणी स्त्री के पति के सींग लगाना बड़ी इज़्ज़त की बात है।

(दूत का प्रवेश)

दूत : मेरे स्वामी डॉन जौन यहाँ से भागते समय गिरफ्तार कर लिए गए थे और अब पुलिसवाले उन्हें मैसिना वापस ले आए हैं।

बैनेडिक : ओ छोड़ो उस डॉन जौन को। क्यों उसके बारे में सोचकर शादी का मज़ा बिगाड़ते हो! कल मैं तय करूँगा कि उसको क्या ठीक सज़ा मिलनी चाहिए। गायको! बजाओ और बहने दो संगीत की इन तरंगों को।

(नाच और फिर प्रस्थान)